상식으로 꼭 알아야 할

한국의 명품문화

서은 하중호 지음

삼양미디어

| 추천사 |

"모든 것이 풍요로워졌는데 우리는 여전히 허전하다. 이유가 뭘까?"

대한민국 전 국무총리 이 수 성

100년도 아니다. 불과 50년 전과 비교할 때, 우리는 달라져도 너무나 다른 세상에 살고 있다. 모든 것이 새로워졌고 인류 문명은 최첨단을 걷고 있다. 아무리 멀리 떨어져 있어도 서로 얼굴을 보며 대화할 수 있는 세상이다. 옛날에는 임금이나 먹을 법했던 음식들이 도처에 널려 있다.

덕분에 어려운 시대를 살았던 우리네 어르신들은 죽을 때가 되니 좋은 세상이 왔다며 억울(?)하다고도 말씀하신다. 이 살만한 세상을 두고 어찌 갈 수 있단 말인가, 하고 한탄할 법도 한 시절이 펼쳐지고 있는 셈이다.

그러나 이 첨단 물질문명 속에 사는 사람들에게 "당신은 얼마나 행복한가?"라는 질문을 던졌을 때 과연 몇 명이나 행복하다고 말할 수 있을까? 우리는 풍요로움 속에 뭔가 하나 빠진 듯한 허전함을 느낀다. 왜 그럴까?

그 정체는 바로 바로 우리의 마음이요 정신일 것이다. 배가 부르고 몸이 편해졌다고 해서 해결할 수 있는 것이 아닌 것이다.

바쁘게 하루를 살아가는 현대인들을 보고 있노라면 그들의 표정에서 여유를 찾을 수 없고, 행복을 느낄 수 없다. 그러나 50년 전, 우리의 어르신들은 비록 배고팠지만 그 얼굴에서 여유와 낭만, 행복을 찾을 수 있었다. 왜 이런 차이가 나는 걸까?

Korea cultural heritage

 나는 그동안 그 이유를 정확히 알 수 없었으나 하중호 선생의 책을 읽고 '바로 이것 때문' 이라는 결론을 얻게 되었다.

 언젠가 외국에서 오랫동안 살다 온 어느 벗의 이야기가 기억난다. 그의 말이, 비록 그곳이 지상천국이라 불리고 살기 좋은 곳이었지간 항상 2%가 부족한 느낌이었다고 했다. 그 2%는 아마도 그곳이 내 조국, 내 고향이 아니었기 때문이 아니었을까?

 모든 것이 좋고 편리하더라도 마음을 적시는 정서와 몸에 맞지 않은 옷을 입고 있다면 마음이 편할 리가 없다.

 우리는 그동안 먹고살기에 바빠 우리 것에 대해 관심이 없었다. 그런 가운데 하중호 선생이 펼치는 우리 것에 대한 한국의 명품문화는 단순한 관심의 차원을 넘어 가슴을 울리게 하는 그 무엇이 있다. 이것이야말로 앞으로 우리가 되찾아야 할 우리의 정신이 아닐까. 그래야만 우리의 마음이 여유를 찾고 진정한 행복을 맛볼 수 있지 않을까.

 이제 출간되는 '한국의 명품문화' 가 국내외에 널리 알려져 대한민국의 자긍심과 품격, 위상제고에도 크게 기여하리라 믿으며 누구나 꼭 일독해 주시기를 바란다.

> 추천사

"세계화시대에 중요한 것은 스펙이 아니라 인성이다"

성신여자대학교 총장 심 화 진

작금의 어른들이 가장 많이 하는 말은 아마도 "요즘 애들은 버릇이 없어!"일 것이다.

왜 어른들은 요즘 애들이 버릇이 없다고 생각할까? 이 말은 사실 나 역시 공감하는 말이 아닐 수 없다. 분명 옛날에는 아이들이 이 정도는 아니었던 것 같은데 왜 요즘 애들은 버릇이 없어 보이는 걸까? 이런 의문은 학교 현장에서 보거나 자녀를 둔 부모들을 만나보면 그 원인을 찾을 수 있다. 바로 전통의 가치와 인성교육의 부재 때문이다.

우리는 초등학교 때부터 우리나라를 동방예의지국으로 교육 받는다. 그런데 언제부터 전통의 가치와 인성교육이 실종되고 오로지 경제문제, 좋은 대학, 좋은 직장에만 촉각을 곤두세우는 우를 자연스럽게 받아들이고 있다.

그러나 가장 중요한 것은 요즘 회자되는 스펙(spec)이 아니라 인성이고 전인교육이다. 올바른 인성을 갖추지 않고 잡다한 지식만으로 어떻게 이 험난한 세상을 제대로 살아갈 수 있는가!

이러한 와중에 하중호 선생이 쓰신 한국의 명품문화는 잔잔한 충격을 던져 주기에 충분하다. 진작 누군가가 이런 이야기를 했더라면 얼마나 좋았을까, 하는 아쉬움이

Korea cultural heritage

있지만 이제라도 우리의 것을 되찾고 자라나는 새싹들의 인성교육을 다시 처음부터 시작하였으면 하는 바람이다.

지금은 글로벌시대이다. 세계 각국이 자국의 전통을 포장하고 숨겨진 것도 찾아내어 세계에서 자국의 위상을 높이려고 한다. 우리에게는 '한류' 라는 너무나 좋은 기회가 찾아왔다. 우리 문화가 얼마나 명품인지 세계에 드러낼 최고의 기회인 것이다.

이제부터라도 이 책이 말하는 자랑스러운 전통의 가치와 우리의 명품문화를 알고 한국인의 모습을 되찾아야 한다. 그래야만 우리 아이들도 자아 정체성을 가지고 올바른 인성과 품격을 갖춰 세계화시대에 행복한 내일을 약속받을 수 있을 것이다.

하중호 선생의 '한국의 명품문화' 가 우리의 아름다운 전통문화와 예의한국을 복원하고 국내외에 대한민국의 자부심과 긍지를 꽃피우는 계기가 되었으면 한다.

책머리에

얼마 전 캄보디아 앙코르와트 고적을 탐사하면서 베트남 호치민시(구 사이공)를 경유하였다. 베트남은 우리나라를 발전 모델로 벤치마킹하고 있는 개발도상국이다. 호치민시의 첫인상은 우리의 60년대와 90년대가 혼합된 듯한 느낌이었다. 아직도 기억나는 것은 우리에게 다소 생소한 운동장 없는 빌딩형 학교였다. 베트남인들은 프랑스가 이 나라를 지배하면서 학교가 자기 국민들의 체력과 단결심의 진원지가 될 것을 우려하여 운동장 없는 학교를 세웠다고 주장한다.

또 하나는 월남의 전통의상으로 알고 있는 '아오자이' 였다. 이 옷은 몸의 곡선을 따라 착 달라붙은 날씬하고 멋진 스타일로, 주머니가 없는 게 특징이다. 요즘은 베트남을 상징하는 우아한 여성용으로 선보이지만 본래 남녀공용이었다. 멋져 보이긴 하나 몸에 무기를 숨길 수 없도록 프랑스인이 고안한 디자인이라니, 약소민족의 애환의 단면이 엿보인다. 이처럼 침략국의 폐해는 아직도 지구촌 곳곳에 서려 있고 전통과 역사, 의상까지도 변질되고 있음을 알 수 있다.

우리나라는 1905년 일본의 을사늑약으로 외교권을 상실하고, 1910년 한일합방으로 일제는 우리 민족혼의 단절과 고유문화의 전승을 말살하였다. 전통과 역사를 빼앗고 창씨개명 등 민족 정체성의 근간마저 훼손했다. 1945년 광복했으나 6·25남침, 5·16, 경제건설과 민주화운동 등 격동기를 거치면서 민족정기와 정체성 회복의 기회를 실기(失機)하였고, 어느덧 일제 침탈 후 금년으로 우리 전통문화 실종 100년이 훌쩍 넘어섰다.

Korea cultural heritage

전통과 예절의 나라 한국에 한국인이 없다고 한다. 우리 것을 잊은 채 서구문물에 오히려 더 익숙하고 세계 경제규모 10위권에 오르기까지 숨 가쁘게 앞만 보고 달렸다. 그동안 졸부와 땅 투기는 있었으나 우리 것을 가르칠 사람도 배울 사람도 없었다. 자기 것을 모르는 문화민족은 없다. 못살아도 전통은 중요한 것이다. 특히 글로벌시대에는 우리의 것이 세계의 중심이 되도록 노력해야 한다. 남의 것만 따라가서야 2등밖에 못할 것이다. 전통과 문화는 계승하는 자의 것이다.

다행히 최근 들어 우리 것을 알자는 각성이 일고 있으며, 해외 동포사회에서도 조국의 발전하는 모습과 한류 열풍으로 우리 문화를 알리는 자긍심이 커가고 있다. 이러한 흐름에 발맞춰 우리의 아름다운 고유문화와 한국인 정신을 앞장서 알려야 한다. 또한 동방예의지국이라는 찬란한 정신문화유산을 되살려 선진국으로 가는 주춧돌로 삼아야 할 것이다.

나는 직장 퇴임 후 우리 전통 문화에 관심을 가지고 공부를 계속하며, 문화칼럼 형식으로 매체에 기고를 계속하여 왔다. 이들 자료를 정리해 2년 전, '공자가 살고 싶어 하는 나라'를 펴냈으며, 이번에 증보신판, '한국의 명품문화'를 다시 출간한다.

이 책이 자랑스러운 역사 인식과 우리의 문화를 복원하여 세계가 주목하는 문화강국을 이루는 데 도움이 되었으면 한다. 그래서 세계가 우리를 진정한 선진국으로 이야기하며 대한민국이라는 국가 브랜드가 명품으로 우뚝 서게 되기를 희망한다

서은 하 중 호 (jhha104@naver.com)

차례 CONTENTS

추천사 2
책머리에 6

1장 자랑스런 한국인의 명품문화/유산

세계적인 명품 국호, 대~한민국 14
자랑스런 세계 속의 '한류' 17
세계적 마스코트가 된 붉은악마 20
세계적 건강식품으로 우뚝 선 '김치' 23
브리태니커 백과사전에 있는 ondol 27
세계가 경탄하는 한글 30
한국인의 기본정신, '우리' 33
조선왕조 500년을 지킨 '선비정신' 36
유교에 담긴 웰빙 정신 39
칼보다 덕을 존중한 품격 높은 지식문화 42
선진국으로 도약하게 해줄 빨리빨리 문화 45
주몽과 태양의 전령, 삼족오 48
자주와 호국사상이 당당한 삼국유사 51
조국의 품으로 돌아온 조선왕조실록 오대산본 53
신사임당에서 비롯된 현모양처 56
우리에게 남겨진 무형의 재산, 아리랑고개 59

2장 인성을 키워주는 한국의 명품예절

존경받는 사람으로 만들어주는 예절 66
매너 짱이 공부도 짱 69
에티켓으로 빛난 루브르박물관 71

한국의 명품문화

공자도 인정한 예절의 나라 74
후대에 계승해야 할 전통예절 77
예의바른 군자의 나라 80
예절에도 방위가 있다 82
동등한 관계는 어떻게 자리를 정할까 85
결혼인가, 혼인인가 88
신랑신부의 위치가 문제 91
전통과 현대의 혼례시간 94
신혼여행 후 시집과 친정, 어디부터 가야 할까 96
폐백 때 왜 밤과 대추를 던질까? 98
세계의 인사법과 우리나라의 절 101
열중쉬어는 일본 것, 공수 자세는 우리 것 104
남자의 절과 여자의 절은 다르다 107
상황에 따라 절도 달리해야 한다 110
글로벌시대의 국제매너 113

3장 품격을 높이는 인사와 호칭 문화

체통 있는 말로 권위를 세운다 120
"여보"로 깊어지는 부부사랑 123
성명과 자(字)·호(號)·당호(堂號) 126
처가와 시댁 식구들, 어떻게 불러야 할까 129
한자 호칭보다 편한 우리말을 사용하자 131

촌수 제대로 알기 134
아버지와 아버님의 차이 136
사돈양반과 사돈어른은 같은가 139
누님의 남편은 매형인가 141
서방(書房)과 서방(西房)님 144
'우보 잘 있었나' 나도 아호를 가져보자 147
'싸가지 없는 놈'이 되지 않으려면 149
대통령 부인은 영부인이 맞지요 152
이름 끝에 붙이는 '양'과 '군'의 뜻은 155

4장 자랑스런 한국의 세시풍속

우리나라 세시풍속의 이모저모 162
나이 먹기 서러워 설인가 164
쥐불로 액을 방지한 정월 대보름 166
우리의 밸런타인데이, 경칩 169
찬 음식으로 죽은 자를 기린 날, 한식 172
여울에 빠져죽은 충신을 기린 날, 단오 175
오작교에서 나눈 슬픈 사랑, 칠월칠석 177
가배의 로맨티시즘, 한가위 180
동지와 크리스마스의 인연 183
봄과 春, 그리고 SPRING 185
백중날 머슴 장가간다! 188
흐르는 물에 머리감고 목욕하는 날, 유두 191

한국의 명품문화

5장 자랑스런 명품 효, 제사문화

우리 민족의 뿌리정신, 효 198
산후통으로 눈이 머는 까마귀의 반포지효 201
호동왕자와 낙랑공주의 사랑과 효심 204
효도의 연장선상에 있는 기제와 차례 207
효의 평준화, 사대봉사 210
효와 가정교육은 사회예절의 원천 212
가족의 범위와 위계를 알자 215
부모가 오래 살기를 비는 의식, 수연 218
산 사람 섬기듯 죽은 이를 섬긴다 221
'늙은 것이 죄' - 법으로 장려하게 된 효 223
아름다운 치사랑과 내리사랑 226
효의 정신, 호랑이, 한국인 229

6장 고쳐야 할 의식과 문화들

자랑스러운 한류와 어글리 코리언 238
한국에 한국인이 없다 241
이순신 장군이 일깨워준 민족혼 244
한국분이냐 한국놈이냐 247
우리 것은 우리가 지켜야 한다, 내셔널트러스트 250
숫자 '四'에 대한 오해와 진실 252
쇄국에 대한 오해와 고쳐야 할 우리의 폐쇄성 255
예절은 진부하고, 에티켓은 교양인가 258
채우려면 비워라! 260
세계화와 국제화는 같은가? 264
선진화에도 국격이 있나? 267
스펙보다 중요한 것은 인성 270
동양과 서양의 문화 차이 273

Cultural Heritage
Korea

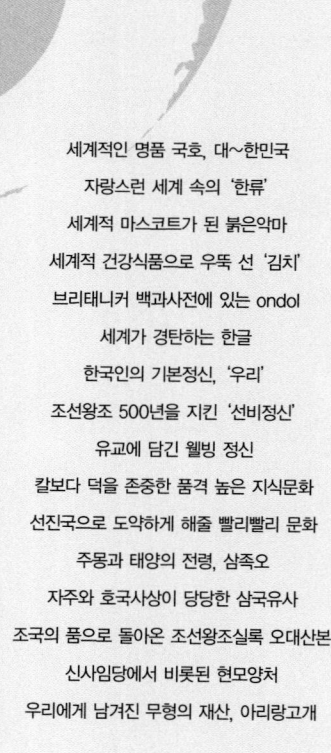

세계적인 명품 국호, 대~한민국
자랑스런 세계 속의 '한류'
세계적 마스코트가 된 붉은악마
세계적 건강식품으로 우뚝 선 '김치'
브리태니커 백과사전에 있는 ondol
세계가 경탄하는 한글
한국인의 기본정신, '우리'
조선왕조 500년을 지킨 '선비정신'
유교에 담긴 웰빙 정신
칼보다 덕을 존중한 품격 높은 지식문화
선진국으로 도약하게 해줄 빨리빨리 문화
주몽과 태양의 전령, 삼족오
자주와 호국사상이 당당한 삼국유사
조국의 품으로 돌아온 조선왕조실록 오대산본
신사임당에서 비롯된 현모양처
우리에게 남겨진 무형의 재산, 아리랑고개

Korea filial duty
seasonal customs manners
Cultural Heritage

 세계의 자랑,
한국인의 명품문화/유산

세계적인 명품 국호,
대~한민국

◉ **2002년 월드컵 4강 신화를** 이루면서 '대~한민국'을 외치다 보니 외국인은 물론 우리들 자신도 대한민국이 더욱 친숙해지고 정감이 서리는 것 같다. 하지만 사람들 중에는 의외로 이러한 대한민국의 뜻을 모르는 사람이 많다.

대한민국의 '한'이란 글자는 우리에게 중요한 의미를 지닌다. 이는 예로부터 전해지는 우리의 고유어로 '크다, 위대하다, 높다, 많다, 우두머리, 임금'이란 뜻이 있고, '하나(1개)'라는 의미도 갖고 있다. 그럼에도 불구하고 '한(韓)'자를 한자어로 쓴 것은 중국 한자가 우리나라에 들어온 지 2천 년이 넘었고, 우리글이 없던 당시 우리의 말을 음이 비슷한 한자(漢字)로 표기하면서 생겨난 일이다. 이를 흔히 음차(音差)라 한다.

신라에서 왕을 마립간(麻立干)이라 한 것도 '간'이 방패간(干) 자로서 '한'이라는 말의 고대어를 중국식으로 표기한 것이기 때문이고, 삼한(三韓)의 '한'도 같은 뜻이다. 다만, 고대 중국사서와 〈삼국사기〉 등에서 표기하는 글자에 따라 '간(干)'과 '한(韓)'으로 다르게 기록하였고, 후대에 오면서 같은 말이 다른 글자로 표시된 것뿐이다. 실제로, 지금의 '한'을 고대에 어떻게 발음했는지는 자세히 알 수 없으나 간과 한이 같은 단어라는 것은 사학계에서도 대부분 인정하고 있다. 단군신화의 환인이나 환웅의 '환(桓)'도 '한'과 같은 말일 것이라 추정하고 있다. 이 '환'에도 '크다' 혹은 '위대하다'는 뜻이 담겨 있으며, 여기에는 예부터 '우리는 하늘의 자손'이라는 자긍심과 세상의 모든 이를 이롭게 한다는 '홍익인간' 사상까지 내포하고 있다.

　조선 중기까지 할아버지, 할머니를 한아버지(한, 크다+아버지), 한어머니(한, 크다+어머니)라고 발음했듯이 '한'이란 말은 우리의 고유어이다. 대한민국은 원래 大한(고유어)民國으로 그 뜻은 '크고 위대한 백성의 나라'라는 뜻이고, 약칭인 한국은 큰 나라, 위대한 나라라는 뜻이다. 단순히 민주주의 국가라는 의미뿐 아니라 천손사상과 홍익인간을 고조선으로부터 이어 받았다는 뜻과 정통성이 살아있는 자랑스러운 국호인 것이다.

남의 나라 이름을 말하는 것은 예의가 아니나 Netherlands/holland(낮은 땅), Australia(라틴어로 australis, 남쪽), United State of America (아메리카 주 연방) 등의 국가 이름과 비교하면 철학과 건국이념이 공존하는 한국이란 이름이 더욱 돋보이지 않는가.

사람을 하늘에서 내려온 귀한 존재로 보았다는 우리의 사상은 어떤 철학자의 말보다 위대하며, 홍익인간은 세상 사람을 이롭게 한다는 적극적 사상이고, 그 내용이 인간세(人間世)를 향하고 있어 편협한 영역적 사고를 깨고 있다. 흔히 옛 사람은 현대인만 못하다고 여기나, 수천 년 전에 한 국가의 건국사상이 지금도 보편성을 띨 수 있다는 것은 놀라운 일이다. 더 나아가 사상적 깊이나 범위로 보아 오히려 현대의 글로벌화시대에 더욱 어울리는 개념이다. 대부분의 국가가 종교적 교리를 **빼면** 건국이념이란 개념조차 별로 없을 때, 우리는 이런 건국이념을 가진 국호를 이어 받았다. 고종의 대한제국에 이어 대한민국이라는 이름이 상해 임시정부에 의해 국가 명칭으로 채택되었고 광복 후 자랑스러운 국호로 선택된 것이다.

자랑스런 세계 속의
'한류'

◉ **우연한 기회에** 태국 방콕에서 개최된 '한류 심포지엄'에 초청되어 강연을 할 기회가 있었다. 여기에서도 한류는 토론의 화두가 되었다. 20세기 말경 중국, 베트남, 태국, 말레이시아, 대만 등 동남아에서 한국의 TV드라마, 영화, 대중음악, 게임 등이 일으킨 한류 열풍은 일본, 인도, 중동, 이집트, 멕시코 등지를 거쳐 유럽, 미국에까지 확산되는 기미이다. 한류는 뜻밖의 성과이며, 이 예상외의 사태로 한때는 일시적인 현상으로 생각했으나 이제는 큰 물결을 이루며 생각보다 멀리 넓게 흘러가고 있다.

한류(韓流)란 한국문화의 붐을 뜻하며 중국 언론에서 탄생시킨 신조어이다. 우리 문화가 남의 나라에 영향을 주고 있다는 사실은 가슴 뿌듯한 일이 아닐 수 없으며, 한류 열풍은 우리나라를 문화수입국에서 문화수출국으로 바꾸어 놓는 계기를 만들었다. 그러나 우리는 역사적으로도 문화의 중심부에서 주변부로 영향을 준 경험이 거의 없어서 문화수출국 입장에서의 대책 마련에

애로를 겪고 있다. 문제는 한류가 우리의 기획된 프로그램이 아니라 수용자들의 호응에 의하여 자생적으로 발생한 국제적 반응이라는 점이다. 이 때문에 한류가 일어난 원인을 분석해야 한다는 의견도 분분하다. 이때 중요한 것은 한류의 성격을 반드시 수용자의 측면에서 수용자의 입장에서 살펴야 한다는 점이다.

16세기 유럽의 르네상스는 이탈리아에서 일어나 독일, 프랑스, 영국 등 주변국으로 번져 갔지만 부작용 없이 새로운 유럽문화를 창출하였다. 이처럼 문화의 흐름은 자발적으로 수용할 때 자연스럽게 받아들일 수 있다. 하지만 의도적 면이 보이면 단호히 거부되는 것이 또한 문화의 흐름이다. 일본은 과거 침략의 전력과 현재의 반성 없는 행태로 주변국에서 문화의 주도권을 상실했다. 반면 우리나라는 제3세계에서 가장 빨리 경제성장과 민주화를 동시에 이룬 나라이며, 중국을 비롯하여 동남아 각국이 우리나라를 모델로 발전을 꾀하고 있다. 우리는 우리도 모르는 사이 동아시아의 문화를 주도하는 위치에 놓였고, 그 중심에 한류가 있는 것이 사실이다.

어떤 이는 한류가 대중문화의 열풍으로 나타난 하나의 현상일 뿐 고급문화의 전파가 아니라는 점을 우려하기도 한다. 그러나 문화 전파는 대중문화가 선두에 서고 뒤이어 그것을 창출해낸 저변의 고급문화가 뒤따르는 법이다. 우리도 서구문화를 받아들일 때, 마릴린 먼로, 엘비스 프레슬리가 먼저였으며 처음부터 고급문화가 아니었다. 문제는 대중문화에 얹혀 고급문화와 전통문화가 함께 실려 가도록 자체적으로 노력하고 준비하는 것이 필요하다는 점이다.

이제 우리 것이 힘이며 세계의 중심이어야 한다. 이러한 한류 현상은 국가 이미지를 대폭 제고시키고 국위 선양의 첨병 역할을 수행한다는 점에서 그

가치가 수백 명의 외교관 못지않다.

한류에 대한 논의 중 가장 우려되는 것은 경제적 측면을 너무 강조한다는 점이다. 우리가 한류를 '단군 이래 처음 맞는 호기'라며 이참에 무엇을 해보자는 식의 한탕주의가 된다면 한류는 더 이상 발전할 수 없을 것이다. 한류 붐이 일어난 국가들을 단순히 수출시장으로만 치부해서는 안 된다. 중요한 것은 부드럽고 자연스럽게 침투되어, 가랑비에 옷 젖는 줄 모르게 천천히 다가가 그들의 문화 속으로 호흡하듯 흡수되어져야 한다는 것이다.

한국의 음식문화를 세계에 알린 드라마 '대장금'

1장 _ 세계의 자랑, 한국인의 명품문화/유산 • 19

세계적 마스코트가 된
붉은악마

◉ **축구의 정식 명칭은** '어소시에이션 풋볼(association football)'이며, 흔히 'association'의 'soc'를 빼내어 '사커(soccer)'라고 부르고 풋볼이라고도 한다. 이러한 축구는 모든 운동 종목 중 가장 사랑받는 스포츠로 자리매김하고 있다. 특히 짝수 해에 4년마다 열리는 월드컵은 온 지구를 들썩거리게 할 만큼 인기가 높다. 대한민국 국민이라면 '2002년 한일월드컵'을 잊을 수 없을 것이다. 우리가 꿈에도 생각지 못했던 4강의 신화를 남겼으며 또 하나의 스타인 붉은악마를 탄생시켰다. 전 세계인들은 한국축구의 4강에 놀라고 거리를 붉은색으로 가득 메운 붉은악마에 또 한 번 놀래야 했다.

사실 붉은악마의 역사는 생각보다 더 오래 전에 시작되었다. 1995년 12월에 결성된 한국축구 국가대표팀 지원클럽은 '그레이트한국서포터스클럽(Great Hankuk Supporters Club)'으로 부르다, 온라인 게시판을 통해 정식 명칭을 공모해 1997년 8월에 현재의 명칭인 붉은악마(Red Devils)로 확정지었다.

들기에 생소한 이 명칭은 원래 한국 축구 대표팀에게 외국 언론들이 갖다 붙인 표현이다. 1983년 멕시코에서 열린 FIFA 20세 이하 세계청소년선수권대회에서 박종환 감독의 한국 대표팀은 주목받지 못했으나 예상외로 4강에 올랐다. 이에 놀란 외국 언론이 한국팀의 빨간색 유니폼을 보고 시샘과 헐뜯는 뜻으로 '붉은 악령(Red Furies)'이라고 한 데서 연유한다. 이 표현이 우리말로 번역되는 과정에서 '붉은악마(Red Devils)'가 되었고, 당시 한국 팀이 세계를 놀라게 했던 것처럼 우리 축구가 세계 정상의 반열에 오르기를 바라는 축구 사랑이 이를 역으로 마스코트(mascot, 행운의 신)화 한 셈이다.

치우천왕
도깨비상의 형상을 하고 있는 모습이 우리를 압도한다. 주로 건축물과 기와 등에 조각되어 있다.

붉은악마의 로고는 치우천왕의 상징인 도깨비상이다. 치우(蚩尤)는 우리 신화에 등장하는 전쟁의 신으로서 승리를 상징하는 전설적 인물이다. 1675년 북애노인이 지은 것으로 보이는 〈규원사화(揆園史話)〉와 계연수가 1911년에 편집한 것으로 보는 〈환단고기〉에 등장하는 치우는 배달국(倍達國)의 제14대 천왕(천황)이었으며, 기원전 2707년부터 109년간 즉위했고, 신처럼 용맹하였으며, 구리로 된 머리와 쇠로 된 이마를 하고 큰 안개를 일으키며 세상을 다스렸다고 한다. 문헌의 신빙성 여부를 떠나, 치우는 우리민족 최고의 전쟁과 승리의 신이었으며, 흔히 우리가 도깨비상으로 알고 있는 치우천왕의 모습이 고대 왕릉과 기와 등에 조각되어 있는 것으로 미루어 볼 때 그가 국가를 수호하는 군신으로 받들어졌다는 추정이 가능하다.

붉은악마의 마크인 치우천왕(도깨비)상은 바로 우리나라 축구의 승리를 상징하는 표식이며, 치우의 이미지는 여러 자료를 참고하여 더욱 강인하게 디자인되었고, 세계로 향하는 한국 축구를 지켜주는 치우천왕기(蚩尤天王旗)가 되었다. 이렇게 탄생한 붉은악마는 2002 한일 FIFA 월드컵에서 당시 히딩크 감독의 용병술과 함께 우리나라가 4강을 이루는 데 결정적인 역할을 하였다. 초기에 붉은악마라는 표현에 대한 레드콤플렉스와 거부감도 이제 오히려 강인한 행운의 열정적 마스코트가 되었다.

또한 2002년 월드컵은 대한민국의 이미지를 한껏 업그레이드시켰다. 그저 동양의 소국, 상품 수출국으로만 알려진 이미지는, 경기기간 내내 한반도 전체를 붉게 수놓은 열광적 응원문화와 경기종료 후 시민의 질서의식과 봉사정신이 적절하게 조화를 이뤄 세계 속의 코리아를 드높였고, 태극기 패션 등 '오 필승 꼬레아! 대~한민국'이 세계를 강타했다. 그 중심에 붉은악마가 있었다. 앞으로 열릴 FIFA 월드컵 역시 우리에게는 새로운 기회가 될 것이다. 보다 성숙한 모습으로 세계를 감동시킬 치우천왕의 기개를 다시 한 번 기대해 본다.

붉은악마가 프랑스 월드컵에서 한국팀을 응원하기 위해 비행기에 오르고 있는 모습

세계적 건강식품으로 우뚝 선
'김치'

◉ **독일에서 촉망받던 디자이너인** 토마스·브르벨씨가 본업 대신 김치사업을 벌인다는 뉴스가 있었다. 그는 "독일인들이 즐길 수 있는 김치를 만들고 싶다. 김치는 한국인만 즐기는 음식이 아닌 세계인이 먹을 수 있는 음식이 되어야 한다"고 말했다. 브르벨이 김치를 알게 된 것은 중국 유학시절에 우연히 한국인 친구를 만난 것이 계기였다. 처음엔 입맛에 맞지 않고 매웠으나 계속 입속을 맴도는 맛이 그냥 매운 게 아니었다. 그는 직접 김치를 담가먹을 정도로 김치 맛에 빠졌으며, 김치가 머지않아 피클을 압도하리라고 주장하고 나선 것이다.

우리나라의 김치는 삼국시대 이전부터 정착된 농경문화와 밀접한 관련이 있다. 뚜렷한 사계절의 특성으로 동절기 식생활에 대비한 산채류나 야생채류의 저장법이 발전되면서 오늘날의 김치에 이르렀다. 김치는 단순히 겨울용 저장식일 뿐만 아닌 계절 따라 즐겨 먹는 가공식품으로 변신하였고, 조미료의 발달로 향신료를 섞어 만든 다양한 김치로 발전하였다. 지금과 같은 김

일본의 채소절임인 즈케모노는 우리의 김치와 달리 간소한 것이 특징이다.

치의 형태는 조선시대에 외래 통배추와 임진왜란 후 도입된 조선후기 고추가 조미료로 사용되면서 김치의 담금이 다양해지고 빨간색을 띠게 되었으며, 그 이전에는 무가 주원료인 동치미·짠지·장아찌가 먼저인 것으로 보인다.

김치의 어원은 침채(沈菜)이다. 채소를 소금물에 담근다는 뜻의 침채는 '팀채'와 '딤채'로 발음되었으며, '짐치'로 불리다가, 다시 오늘날의 '김치'가 되었다. 고려시대의 '한약구급방'에 처음으로 배추에 관한 기록이 나오며, 중국의 〈삼국지 위지동이전(魏書 東夷傳, 중국에서 동이, 즉 부여와 고구려에 관해 기록한 책)〉의 고구려조에 "고구려인은 술빚기·장담그기·젓갈 등의 발효음식을 매우 잘한다"고 김치류에 대한 최초의 기록이 있어, 이 시기에 이미 저장발효식품으로 생활화하였음을 보여주고 있다. 또한 〈삼국사기〉에는 신문왕이 683년에 왕비를 맞이하면서 내린 폐백 품목 가운데 간장·된장·젓갈류가 들어있어 발효식품이 널리 퍼졌음을 알 수 있다.

김치는 우리의 식단에서 빼 놓을 수 없는 전통음식이다. 향료의 독특함으로 외국인이 기피하기도 하였으나, 어느 사이 한류 열풍과 함께 세계가 주목하는 음식이 되었다. 서양의 피클이나, 동남아의 아치르, 중국의 파오차이, 일본의 즈케모노 등이 모두 이 침채류에 속한다. 김치가 여타의 침채류와 다른 점은 우리 조상들의 지혜가 녹아있는 독특한 담금법에 있다. 1차 소금에 절였다가 다시 양념을 배합하여 발효되는 2차 담금 과정에서 유산균과 기능성 생리활성물질이 풍부하게 만들어져 노화억제·항암작용·면역기능증진과 같은 효과를 가진 건강발효식품이 되는 것이다.

이러한 김치는 우리나라의 최대 김치 수출시장인 일본이나 다양한 식문화로 유명한 유럽은 물론 특히 세계에서 먹을거리로 유명한 중국에서 그 열풍이 대단하다. 도대체 그 이유가 뭘까? 사스를 이겨낼 정도의 음식이기 때문이라는 사람도 있고, 축구 때문이라고 말하는 사람도 있다. 어떤 사람은 한류 때문이라고 이야기한다. 어쩌면 김치 자체가 한류일 수도 있을 것이다.

김치는 보기에도 군침이 돌지만 그 속에 담겨 있는 영양 또한 세계적으로 인정받을 만큼 풍부하다.

김치는 숙성되면서 매콤하고 그윽한 맛을 잉태한다. 다양한 재료의 연금술이 그 독특한 맛과 영양과 오랜 전통을 발효하며 건강과 맛의 세계로 국경선을 넘게 한다.

뉴욕 타임스에 '장수 한인의 비결은 김치와 콩나물국…'이라는 기사가 있었다. 롱 라이프 노인복지센터에서 교포 손모(93) 할머니와 대담한 내용이었는데, 한복 차림의 손 할머니가 화사하게 미소 짓는 모습이 뉴욕타임스 메트로 섹션 1면을 장식하였다. 김치는 섬유소, 항균작용, 젖산균 등으로 장속의 유해균 억제와 결장염 예방, 비만과 항암작용, 생리대사, 각종 성인병에도 유효한 것으로 알려져 있으며, 알칼리성의 식품 공급원이기도 하다. 주재료인 고추, 마늘 등의 독특한 향과 맛으로 외국인들이 꺼리는 점도 있으나, 세계 속의 건강식품으로 부상하고 있는 것은 분명한 것 같다.

그러나 음식의 가장 중요한 것은 맛이다. 국제적 식품이기 위해서는 세계인의 입맛을 잡아야 한다. 이 부분은 항상 염려이고 논란거리이다. 김치의 맛과 향을 외국인들이 기피하지는 않을까? 이에 대한 이어령 전 문화부장관의 말은 힘이 될 것이다.

"김치의 맵고 짜고 신, 강열한 맛들의 밑바닥에는 마치 음악에서 콘트라베이스의 은은한 저음처럼 쓰고 단맛이 깔려 있다. 음악을 제대로 감상할 줄 모르는 사람일수록 바이올린이나 피콜로의 고음만 듣고 저음 악기소리는 듣지 못하는 것처럼, 김치를 처음 먹어보는 사람은 맵고 짠 것밖에는 식별하지 못한다."

영국은 중산층의 한 조건으로 그 가문 특유의 음식 맛을 내며 딴 집에서는 맛볼 수 없는 소스 하나를 지녀야 했다. 우리 전통사회도 다른 가문과는 전통과 맛이 전혀 다른, 개성 있는 장맛과 김치 맛을 하나씩 지녀야 양반가문으로 행세하였다. 요즘, 아파트 지역 젊은 부부세대들의 살림표본을 조사한 것을 보니, 도마와 부엌칼이 없는 세대가 무려 23%나 되었다고 한다. 세상의 흐름이 변해도 식단의 기본적 '손 맛깔'은 최소한 유지되어야 하지 않을까. 가족 건강과 어머니의 사랑, 자랑스러운 고유문화의 계승이 절실한 요즈음이다.

브리태니커 백과사전에 있는
ondol

❁ 중국인들은 유쾌하고 풍족한 삶의 조건으로 배불리 먹는 것을 으뜸으로 친다. 그래서 중국에 '함포고복(含哺鼓腹, 배불리 먹고 배를 두드린다)'이라는 한자성어가 있다. 우리는 여기에다 한 가지를 더 추가시켜 등까지 따스워야 한다고 하였다. 그래서 "등 따습고 배부르면 정승 부러울 게 없다"는 말이 생긴 것이다. 그 중심에 우리 민족만의 독특한 주거 양식인 구들문화가 있다. 한 겨울에 불이 잘 든 뜨끈뜨끈한 구들장에 누워야만 제대로 잘 수 있었기 때문에 우리 모두가 '구들장지기'인 셈이다.

방에 구들을 들인 민족은 세계 어디에도 없다. '구들'은 '구운 돌'이라는 뜻의 순우리말이며, 방구들 혹은 온돌이라고도 하는데 '온돌(溫突)'은 한자식 표현이다. 구들은 중국의 〈구당서(舊唐書, 총 200권으로 된 중국의 역사서)〉 고구려편에 '긴 겨울을 나기 위해 기다란 갱(坑)을 만들어 따뜻하게 난방한다'는 기록이 있다. 이 갱이 바로 구들의 원형으로 보인다. 구들은 크게 세 부분, 즉 아궁이·고래(불길)·구들장 그리고 여기에 개자리·연도·굴뚝 등이 추가되어 이루어진다. 구들은 삼국시대 이전부터 사용하던 우리 민족의 고유한 난방 방식으로 우리 조상들의 생활문화의 근간이기도 하였다.

구들은 열의 복사와 전도, 대류의 '열전달 3요소'를 모두 갖춘 우리만의 독창적인 과학적 난방법이다. 열효율이 좋고 반영구적이라는 장점과 땅의 습기를 받으며 방열하므로 바닥은 따뜻하며 실내온도와 습도까지 유지되었다. 서양의 벽난로가 공기를 데우는 일시적인 거라면 구들은 열을 가두는 축열식(蓄熱式)이며, 서양의 난방은 옆이나 위쪽을 덥게 하나 구들은 아래부터 덥힌다. 따라서 머리는 차게 발은 덥게 해야 한다는 한방의 건강법에 맞는 난방법이기도 하다. 한편, 한옥의 아랫목은 밥을 보관하는 온장고이자 감기에 걸렸을 경우 찜질방 역할도 하였다. 구들은 소각로며, 연기는 살충제 구실과 모기를 쫓는 방충제 기능도 하였으니, 생활 속에 숨어있는 지혜가 놀랍기만 하다.

아궁이를 떼고 있는 모습
구들문화는 방바닥을 데우기도 하고 가마솥을 데우기도 하는 일거양득의 효과를 내기도 한다.

구들을 덥히는 땔나무는 산업화에 따라 연탄으로, 경유로, 도시가스로 변했지만 방바닥을 덥히는 문화는 여전하다. 아궁이는 연탄아궁이에서 다시 보일러로 바뀌었고, 이제 불길이 아니라 뜨거운 물이 지나가는 파이프나 전기 열선으로 대체되었다. 그러나 우리는 여전히 구들의 전통을 계승하여 등을 따습게 하는 유일한 민족이다. 이런 민족의 정서가 세계에 유례없이, 아파트에 온돌방을 설치하는가 하면 온돌침대를 낳았다. 뿐만 아니라 도심에서는 찜질방이 성황을 이루고 있다. 한편 한류 열풍과 함께 구들의 장점이 알려지면서 일본, 중국, 영국, 독일 등 세계의 관심이 커져가고 있다.

서양인은 우리처럼 불을 실내에서 잘 사용하지 못하고 사용하더라도 단순한 방법이었으며, 추운 겨울에는 개나 고양이 등 동물을 안고 지냈다. 우리 민족은 불을 잘 다뤄 하늘로 올라가는 불을 고래 속에 가두어 결국 불을 밟고 서고, 불을 깔고 앉고, 불을 베고 편히 잘 수 있었다. 구들(온돌)은 서양에 없었기 때문에 영국 브리태니커 백과사전에도 그냥 온돌(ondol)로 기록되어 있다. 이처럼 발견하지 못하고 숨어 있는 우리의 전통과 고유문화가 아쉽고, 조상들의 지혜와 슬기가 자랑스러울 뿐이다.

세계가 경탄하는
한글

◉ **세계의 언어는** 약 5000~6000개가 넘는 것으로 추정된다. 다민족 국가의 경우 수십 혹은 수백 개의 언어가 동시 사용되기도 하며 세계 약 4분의 1의 국가에서 2개 이상의 공용어를 사용하고 있다. 인도는 사용 언어가 800여 종이나 되며 그 중 힌두어가 공용어라지만 국민의 20% 정도만이 이해할 정도다. 이처럼 전 국민이 같은 언어를 사용하여 대화를 할 수 없는 경우가 허다하다.

더욱이 문자는 언어를 글자로 표기하는 것으로 생각보다 희소하다. 5000~6000개라는 많은 언어 중 문자가 있는 경우는 100개 정도이며, 그 중 실제 사용되는 문자는 30개에 불과하다. 그래서 다른 언어권의 문자인 영어, 스페인어 등 로마 알파벳을 빌려 쓰는 경우가 많다.

중국인은 다행히 문자가 있으나 3만 개가 넘는다는 많은 한자로 어려움이 크다.

한자를 좁은 자판에 나열하는 게 불가능하여 중국어 발음을 영어로 묘사(한

어병음)하여 알파벳으로 입력한 다음에 단어마다 입력키를 눌러야 화면에서 한자로 바뀐다. 또 같은 병음을 가진 글자가 보통 20개 정도로, 맞는 한자를 선택해야 하며, 자판을 최대 다섯 번 눌러 글자 하나가 구성되므로 오필자형(五筆字型)이라고 말한다. 컴퓨터를 많이 사용하는 전문직 중국인들은 한국의 인터넷 문화가 중국을 앞선 이유 중 하나가 여기에 있다고 지적한다.

일본인은 어떠한가. 컴퓨터 자판을 살펴보면 역시 알파벳으로 되어 있다. 일본인들은 '世(세)'를 영어식 발음인 'se'로 컴퓨터에 입력하는 방법을 사용한다. 각 단어가 영어 발음 표기에 맞게 입력돼야 화면에서 일본어 '가나'로 바뀐다. 게다가 문장마다 한자가 끼어있기 때문에 쉼 없이 한자 변환을 해주어야 하므로 속도가 더딜 수밖에 없다. 일본어는 102개의 가나를 자판에 올려 가나로 입력하는 방법도 있지만 익숙해지기 어려워 이용도가 낮다. 인도나 말레이시아처럼 언어가 여러 가지인 국가들은 컴퓨터 입력방식의 개발부터가 문제이다.

우리나라의 한글은 24개의 자음과 모음만으로 자판 내에서 모든 문자 입력을 단번에 해결할 수 있어 하늘이 준 축복이자 과학인 셈이다. 휴대전화의 문자 메시지도 한글은 5초, 중국과 일본문자는 35초 걸린다는 비교가 있다. 한글의 입력 속도가 일곱 배 정도 빠르다는 것이다.

소리 표현력만도 8800여 개, 중국어 400여 개, 일본어의 300여 개와 비교도 안 된다. 맥도널드를 중국은 '마이딩로우', 일본은 '마쿠도나르도'라고밖에 표현하지 못한다.

세계 언어학자들은 한글이 가장 배우기 쉽고 과학적이며 문자 중 으뜸이라고 말한다.

그래서 거의 0%인 세계 최저의 문맹률이 가능했고 국가발전의 원동력이 되었다. 한글은 발음기관의 모양까지 반영한 음성 공학적 문자여서 세계의 언어를 다 표현하는 문자이다. 그래서 네팔 등 문자가 없는 민족에게 한글로 문자를 만들어 주는 운동이 추진되고 있다. 외국인에게 5분만 설명하면 자신의 이름을 한글로 쓰게 할 수 있어 거의 기적적인 문자이다.

미 콜럼비아대학 레이야드 교수는 자신의 논문에서 한글을 "…글자 모양과 그 기능을 관련시킨다는 착상과 그 착상을 실현한 방식에 감탄한다.(중약)…한글은 존재하는 그 어떤 문자하고도 비교가 불가능한 문자학적인 사치다!(…that is unparalleled grammatical luxury!…)"고 경탄했다.

한국인의 부지런하고 급한 성격과 승부근성에 더하여 한글이 '디지털 문자'로서 세계 정상의 경쟁력이 있었기 때문에 우리가 인터넷 강국이 됐다고 말할 수 있을 것이다.

세종대왕이 수백 년 뒤까지 내다본 정보통신대왕이 아니었나 하는 감탄이 절로 나온다. 26개인 알파벳은 한글과 같은 소리문자고 조합도 쉽지만 같은 'a'라도 위치에 따라 발음이 다르고 나라별로 독음이 다른 단점이 있으나, 한글은 하나의 글자가 하나의 소리만 갖는다. 앞서 지적한 것처럼 소리 표현만도 대단하여 어떤 언어와도 비교가 안 되며 세계의 언어를 다 표현해낸다.

한글은 기계적 친화력도 좋아 정보통신시대의 준비된 문자이다. 세계화시대를 위한 맞춤문자 한글, 한글을 창제한 세종 IT대왕 그리고 내가 한국인이라는 사실이 자랑스럽다.

한국인의 기본정신, '우리'

🏵 **나라마다 그 나라를 상징하는** 근본이 되는 기본정신이 있다. 일본은 야마토 다마시이(大和魂), 영국은 기사도(騎士道), 미국은 개척정신(開拓精神)을 내세운다. 이처럼 나라마다 바탕이 되는 기본정신이 있기 마련이다. 우리의 기본정신은 과연 무엇일까?

언뜻 떠오르는 것이 선비정신이다. 그런데 이 선비정신은 우리의 가장 상징성 있는 정신으로 보이긴 하나, 선비가 양반계층이다 보니 현재에 적용하기에는 무리가 있을 수밖에 없다. 왜냐하면 우리나라의 경우 지금은 양반정신과 문화가 완전히 사라졌기 때문이다.

화랑정신을 말하기도 한다. 그러나 이 역시 주로 무사도를 말하는 것이며 일종의 신라에서만 나타난 통일정신이라 할 수 있다. 이것을 우리의 기본정신이라 추켜세우면 백제와 고구려인의 입장에서 보면 난처할지도 모른다. 한 나라의 기본정신은 일부 계층에 국한되거나 편향된 것이 아니어야 할 것이다. 기본정신은 그 나라나 민족 전체의 보편적인 대표성이 있어야 한다.

그렇다면 우리나라의 보편적인 기본정신은 과연 무엇일까? 필자는 아마도 '우리'라는 의식이 아닐까 생각한다.

한 민족의 생활철학과 가치관은 언어 속에 녹아있게 마련이다. 그 중 인간 욕망의 표현이 언어로 잘 나타난 것이 바로 '~의'를 나타내는 소유격이다. 재미있는 것은 이러한 소유격의 표현 방법이 민족에 따라 다르게 나타난다는 점이다.

대부분 나라의 언어에서는 '나의 것'이라고 일인칭 소유격을 쓰지만, 우리민족만은 '우리의 것'이라고 말한다. 심지어 자기 아내마저 '우리 처'라고 하는 상황이니 이를 보는 외국인의 고개가 갸웃거려지는 것은 어쩌면 당연할지도 모른다.

이처럼 우리 민족에게 내제된 '우리'라는 의식은 외국과는 완전히 다른 가치 기준이다. 이 속에는 우리 조상들이 옛날부터 개인보다 공동체를 더 중요시했던 정신이 담겨 있다.

'우리'는 순우리말이지만 '우리'를 나타내는 한자어도 있다. 바로 어질 인(仁) 자이다. 仁 자는 '사람 인(人) + 둘 이(二)'로 구성되어 있다. 즉, 인(仁)은 본래 사람 둘이 함께한다는 것을 뜻하는 것으로 '우리'를 뜻하고 '사랑'을 의미하는 글자였다.

석가는 자비, 예수는 사랑, 공자는 평생 인(仁, 우리*사랑)을 설파했다. 사실 글자만 다르지 3대 성인의 가르침이 비슷하다는 것을 알 수 있다. 공자의 〈논어〉'안연편'에서 번지가 '인'에 대하여 공자에게 여쭈는 대목이 나온다. 이때 공자는 "인이란

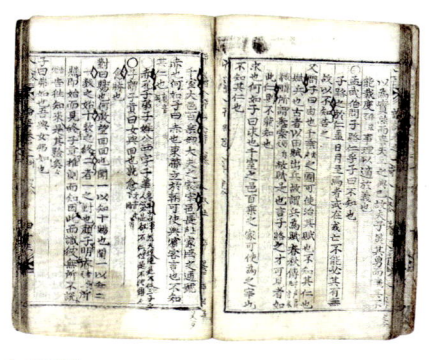

논어(論語)
유교의 경전이며 중국의 가장 위대한 고전이라 일컫는 4서 중 하나이다. 공자와 그 제자들의 언행이 고스란히 담겨 있으며, 인(仁)·군자(君子)·중용(中庸)·예(禮)·효 등에 관한 내용을 담고 있다.

남을 사랑하는 것이다"라고 말했다. 남을 사랑하지 않고는 '우리'가 될 수 없는 법이다.

맹자는 "사람은 남을 측은해 하고 부끄러워하는 마음이 있어야 한다. 측은해 하는 마음은 인(仁, 우리)의 시작이고, 부끄러워하는 마음은 의(義)의 시작이며, 사양하는 마음은 예(禮)의 시작이고, 잘못을 가리는 마음은 지혜(智)의 시작이다"고 하였다. 이것이 곧 맹자의 인의예지(仁義禮智)이다. 여기서 사양하는 마음이라는 것은 욕심을 억제하는 것을 말하고, 예라는 것은 이기심을 멀리하는 것을 뜻한다.

개인보다 공동체의식을 중시한 동방예의지국인 우리민족의 기본정신은 바로 이러한 인(仁)에서 나온 '우리'라고 할 수 있을 것이다. 말하고 생각할 때마다 따뜻하게 느껴지는 단어가 '우리'이고, 다른 사람들과 이야기를 나누다 이 단어가 나오면 왠지 그 사람과 한층 더 가까워진 느낌이 들게 하는 것도 우리다. 너와 내가 따로 없는 '우리'야말로 우리민족의 기본이 되는 정신이라 할 수 있지 않을까.

조선왕조 500년을 지킨
'선비정신'

　　　　　　⊛ 선비라고 하면 흔히 단아하게 앉아 책을 읽는 모습을 떠올리게 된다. 조선왕조를 지배한 관료집단의 구성원을 사대부(士大夫)라고 하는데, 이는 과거제도와 주자학을 근간으로 무려 4~5백여 년의 세월에 걸쳐 다듬어진 산물이다. 관직에 나가있는 양반이 사대부라면 선비는 학문과 실천을 중시하고 뜻을 얻으면 관직에도 나갈 수 있는 지성인이었다. 이는 순수한 우리말이며, 어원적으로는 '어질고 지식 있는 사람'을 뜻하는 말에서 유래되었다고 한다.

　　조선의 지배구조를 관통한 성리학은 지행(知行)을 가장 큰 덕목으로 한다. 지행이란 '배운 바를 실행으로 옮기는 것'을 뜻하므로 이를 위해서는 도덕적 용기가 필요하다. 따라서 도덕적 용기와 실천력을 갖추지 못한 선비는 참 선비의 대열에 낄 수가 없었다. 조선왕조 500년을 단일왕조로 지킬 수 있었던 것은 나름대로 국가기강이 있었으며, 행동하는 선비의 표상인 젊은 사관(史官 역사를 기록하는 관리)들이 바르고 용기 있게 역사를 기록했기 때문이라고 할 수 있다. 조선의 특징을 들라하면 붓은 든 선비가 칼을 든 무반을 다스린 나라였다는 사실이다. 5백여 년이라는 긴 세월 동안 선비가 군인을 다스린 사례는 세계사에서 찾아볼 수 없는 불가사의이며, 이것이 가능했던 것은 참 선비의 정신 때문이라 하지 않을 수 없다.

이 같은 선비의 프라이드는 어렸을 때의 교육에서부터 시작된다. 인조(仁祖) 때 영의정이던 신흠(申欽)의 〈사습편〉을 보면 "몸에 역량을 간직하고, 나라에 쓰임을 기다리는 사람이 선비다. 선비는 뜻을 받들고, 배움을 돈독히 하며, 예를 밝히고, 의리를 붙들며, 청렴함을 긍지로 여기고, 부끄러워 할 줄 안다. 그러나 흔하지 않다"고 하였다. 이 흔하지 않은 선비정신은 가정에서 다져지며, 사회가 이 같은 가정의 가르침을 중시하였고, 이 같은 프라이드가 젊은 선비들에게 도덕적 용기를 갖추게 하면서, 새로운 시대를 이끌어가는 행동하는 지식인을 양성케 하였다는 사실을 알아둘 필요가 있다.

> **신흠(申欽, 1566~1628)**
> 조선 중기의 뛰어난 문장력을 가진 문신이었다. 임진왜란에도 참여하였으며 인조 때에는 영의정에 오르기도 했다. 주요저서로 〈상촌집〉, 〈야언(野言)〉, 〈사습편(士習篇)〉 등이 있다.

조선의 임금들은 스스로 왕도를 세우기 위해 경연(經筵, 임금에게 경서를 강의)을 중시했다. 경연은 아침, 점심, 저녁과 때로는 경연관(經筵官)을 밤에 불러 보충 토론도 하였다.

중종(中宗) 12년, 정암 조광조가 임금에게 이렇게 직언을 했다.

"전하! 밝은 임금은 대간(臺諫, 간언담당 관리)의 말을 좋아하나, 어두운 임금은 자신의 의견만을 고집합니다. 지금 대간들의 간절한 청원은 상을 주어 마땅하나 전하는 오히려 위엄으로 물리치시니, 이는 어두운 임금이하는 일이옵니다."

이처럼 선비정신은 거침없이 500년을 이어온 조선의 원동력이 되었다. 성균관의 문묘(文廟, 공자를 모시는 사당)에는 귀감으로 삼아야 할 열여덟 분의 선현들이 모셔져 있다. 이들은 망각 속에 사라져야 할 분들이 아니라, 우리의 가슴에 되살려야 할 행동하는 선비들의 표상이다. 그분들은 다수를 위해 불이익을 기꺼이 감내하고, 나라를 위하여 어떤 희생도 감수하였다. 이들이 역사 속에서 가르쳐 준 도덕적 용기와 참 실천은 오늘날에도 반드시 필요한 덕목이리라!

성균관 문묘(대성전의 모습)
대성전(大成殿)은 선조 34~35년(1601~1602)에 지은 건물로, 공자를 비롯해 증자·맹자·안자·자사 등 4대 성인과 공자의 뛰어난 제자들인 10철, 송조 6현, 그리고 우리나라 명현 18인의 위패를 모시고 있다.

유교에 담긴
웰빙 정신

🏵 **요즘 거리에서나 언론에서도** 웰빙(well-being)
이란 말이 유행이다. 웰빙이란 몸과 마음이 건강하고 행복하게 사는 삶을 뜻한다. 즉, 물질적 풍요만이 아닌 정신적 여유와 마음의 안정이 웰빙의 근간이 되는 것이다. 웰빙은 한마디로 건강하게 잘 살자는 것이다.

산업의 고도화는 인간에게 물질적 풍요를 가져다준 반면, 정신적인 여유와 안정이란 소중한 것들을 앗아가 버렸다. 어떻게 사는 것이 잘 사는 것이냐의 문제는 이제 특정 계층의 이야기가 아니라 모든 사람들의 관심대상이며, 이에 대한 견해 또한 다양하다.

굳이 웰빙을 거론하지 않더라도 누구나 잘 살고 싶어 하는 욕망이 있다. 하지만 그냥 단순히 잘 사는 것이 아니라 어떻게 잘 사느냐가 중요할 것이며 모두가 그것을 찾고자 한다.

이렇게 최신 트렌드이자 미래에도 계속될 웰빙은, 사실 몇 천 년 전 공자가 유학에서 주장한 '예(禮)'나 '수신제가치국평천하(修身齊家治國平天下)'와도 상

통하는 면이 있다. 많은 세월이 지났고 다양한 역사적 과정과 문명의 흥망성쇠를 겪은 현대 디지털시대에 고리타분하고 구시대의 산물이라는 여기고 있는 유학(儒學)이 웰빙과 맞아 떨어진다고 주장하는 것에 조금 의아해 할 독자도 있을 것이다.

대부분의 사람들은 '유학' 하면 충효, 조상숭배, 제사 같은 단어를 떠올린다. 아울러 유학은 보수 봉건시대의 산물로 현대가치에 맞지 않는 것으로 치부하기도 한다. 우주개발과 복제인간이 화두인 세상에 유학은 과연 구식이고 오히려 타파해야 할 대상이기만 할까? 이는 유학의 본질을 잘못 알고 있기 때문에 생기는 일이다.

유학은 비록 공자가 창시했다지만 "옛 것을 바탕으로 조술했을 뿐 창작하지 않았다"는 공자 자신의 말대로 그의 독창적인 것이 아닌 여러 사상들을 정리한 것이다. 그러나 그는 정리차원을 넘어 인간의 도덕적 자각과 실천이라는 관점에서 옛 것을 재조명하고, 교육을 통해 이를 보편적 진리로 널리 알리고자 하였다.

> 공자(孔子, BC 551~BC 479)
> 노(魯)나라 창평향 추읍에서 태어났으며 세계 4대 성인 중 한 사람으로 꼽힐 만큼 위대한 성인이 되었다. 그는 사회질서를 바로 잡기 위한 규범으로 인을 내놓았다.

개인의 집합이 공동체라면, 개인은 공동체와의 조화를 파괴해서는 안 된다. 배려와 존중이 중심인 유학의 예(禮) 정신은 절제되지 않은 자유, 책임을 전제하지 않은 자유를 극복할 수 있게 해준다. 이 같은 유학사상은 알게 모르게 우리 삶의 한 축을 이루고 있다.

또한 '수신제가치국평천하(修身齊家治國平天下)'는 내 몸을 먼저 닦은 후에 가정을 다스리고, 가정을 먼저 다스린 후에 나라를 다스리고, 나라를 먼저 다스린 후에 천하를 도모하라는 뜻이다. 오늘날의 웰빙은 나만의 풍요를 너무 주장한 나머지 공동체를 훼손하기도 한다. '어떤 삶이 웰빙이고 잘 사는 것인가' 하는 명제는 각자가 스스로 해결해야 할 몫이다.

유학은 현세의 윤리를 강조한다. 자기 자신에 대한 옳고 그름을 가지고 타인과 서로 도우면서 살아가자는 것이다. 인, 예, 지혜가 나에게서 나오고 가족으로 나아가 나라로 퍼져간다면 많은 어려움들을 극복할 수 있을 것이라고 생각된다. 이러한 이유로 유학이 우리에게 멀리 있거나 단절된 것이 아니라 현재의 웰빙과 상응할 수 있는 보편성을 갖는다고 주장하는 것이다.

어떤 삶이 잘 사는 것인가? 상술의 편승 속에 나만의 홀로서기 풍요만이 아닌 주변과 나누는 마음의 풍요 또한 중요할 것이다. 그것이 진정한 웰빙이 아닐까.

칼보다 덕을 존중한 품격
높은 지식문화

◉ **외국여행을 하다보면** 거대하고 웅장한 고대 건축물과 문화유적들에 압도당하는 느낌이 들 때가 있다. 스페인의 톨레도, 아테네의 고대신전, 중국의 만리장성에 이르면 그 위용에 감탄사를 연발하기도 한다. 무엇보다 수천 년이 지난 고대유적들을 이렇게 잘 보존했다는 것이 놀랍기만 하다.

그러나 우리가 그 크기와 위용에 주눅들 필요는 없다고 본다. 만리장성을 세운 진나라가 불과 15년 만에 패망했다는 사실을 아는 사람은 많지 않을 것이다. 그에 반해 우리의 신라는 1,000년 왕조를 유지했다. 이는 전 세계적으로도 유래가 드문 일이다.

또한 만리장성은 100만여 명의 백성의 피와 목숨을 대가로 건설되었다. 이러한 만리장성이 10여 명이 축조했을 법하지만 10.4m짜리 신라의 다보탑보다 더 위대할 수는 없는 법이다. 백성의 고초는 왕조의 수명과 무관하지 않다. 진나라가 단명했던 것도 바로 이런 이유 때문이다.

만리장성(萬里長城)은 중국 왕조들이 북방 이민족의 침입을 막기 위해 총 길이가 3천 킬로미터에 달하는 거대한 성벽이다.

우리 민족은 본래 하드웨어보다 소프트웨어에 더 강했다. 삼국통일을 이룬 신라의 문무왕이 경주에 거대 도성을 쌓으려 할 때 의상대사가 이를 적극 만류했다. 백성의 눈물로 만들어진 거대한 만리장성보다 민심의 성을 쌓는 것이 1,000년 사직을 보존하는 길이라고 설득한 것이다. 또한 조선 왕실은 사치스런 금은 그릇을 추방하고 소박한 도자기를 사용했으며, 러시아의 상트페테르부르크(표트르 대제가 지은 화려한 여름 궁전)처럼 화려한 궁전을 피했다.

이처럼 우리 민족은 대규모 유적을 만들지 못한 것이 아니라 만들지 않은 것이다. 이렇게 외적인 힘보다 내적인 덕을 더 소중히 생각했기에 신라 1,000년뿐만 아니라 고구려와 백제, 조선의 역사도 수백 년을 이어갈 수 있었던 것이다.

또한 우리나라는 높은 교육열로 지식인 주도의 국가를 운영해왔다. 고대에는 승려들이, 조선시대에는 유학자인 선비들이 정치를 주도하였다. 이는 분명히 무사들이 창검을 휘두른 서양의 많은 나라나 일본과 차별화되는 점이다. 그래서 중국은 우리를 천손의 나라요 동방예의지국이라 하며 문화선진국으로 존중했다. 공빈(공자의 자손)이 쓴 〈동이열전〉을 보면 '조선은 강하나 중국을 업신여기지 않았고, 할아버지 공자가 군자의 나라 동이에 가서 살고 싶다'고 한 기록이 있다. 우리가 역사적으로 외국을 침략하지 않은 것은 국력이 약해서가 아니라 지식인 그룹이 국가를 주도한 점에서 찾아야 한다.

유교는 종합적인 학문이기 때문에 이를 배운 선비들은 세상을 보는 안목이 깊고 넓었으나, 기술을 천시하여 산업화와 근대화를 저해한 단점이 있었다. 하지만 21세기는 산업화시대가 아니라 지식정보화시대이고 생명공학의 시대를 맞이하고 있는 상황이다. 따라서 지식의 종합성과 기초학문을 존중하던 선조들의 사고와 문화의식이 앞으로 큰 힘이 될 전망이다. 우리 것이 세계의 중심에 서야 한다. 이제 자랑스러운 전통문화와 역사를 복원하여 문화강국을 이뤄야 한다. 그래야 차별화된 높은 국가 브랜드로 밝고 희망찬 미래가 보장되는 당당한 대한민국이 될 수 있다.

선진국으로 도약하게 해줄
빨리빨리 문화

◈ **빨리빨리 문화는** 우리의 성격이 급하다는 것을 단적으로 나타내는 말이다. 우스갯소리로 '한국인의 급한 성질 BesT 10'이라는 것이 있는데 몇 가지만 추려보면 다음과 같다.

외국인은 자판기의 커피가 나온 후 불이 꺼지면 컵을 꺼내지만, 우리는 자판기 커피를 눌러 놓고 컵이 나오는 곳에 손을 넣고 기다린다. 외국인은 사탕을 빨아 먹지만 우리는 깨물어 먹는다. 외국인은 "그 영화 어땠어? 연기는?" 하고 묻지만 우리는 "아 그래서 끝은 어떻게 됐어?"라고 묻고, 외국인은 인도에서 손들고 택시를 잡으나 우리는 길에 뛰어나간다는 등.

외국인에게 한국인의 이미지를 말하라 하면 '빨리빨리'가 떠오른다고 한다. 성격이 급하다 보니 목소리가 커지고, 세계 제1의 교통사고와 제왕절개, 빨리가기 위한 곡예운전, 그리고 음식점에서 '빨리빨리'를 외쳐대는 한국인으로도 유명하다. 성수대교와 삼풍백화점이 붕괴된 것 역시 빨리빨리 문화 때문에 급조하여 만들다보니 발생한 비극적인 사건이다. 이러한 '빨리빨리

문화'는 1970년대 초 근대화 과정에서 과도한 성장지상주의와 치열한 경쟁, 과정보단 결과가 우선시되는 사회 분위기 속에서 급속히 확산되었던 것으로 보인다. 아무튼 외국인들이 떠올리는 한국문화가 '빨리빨리' 라고 할 정도니 이젠 '빨리빨리' 가 우리문화로 정착한 것은 확실한 사실이다. 만약 빨리빨리 문화가 부담이라면 우리네 옛 선조들의 느림의 미학을 본받으면 된다.

하지만 빨리빨리 문화는 첨단시대에 오히려 선진국으로 도약할 수 있는 기회가 되고 있다. 우리의 '빨리빨리 문화'는 우리나라를 세계 최고의 인터넷 왕국으로 만들었고, 가전제품 등 수출품도 A/S가 빨라 유럽 등 세계시장 사람들이 환호하고 있다. 세계에서 가장 빠른 경제성장률을 이뤘고, IMF 경제 위기를 2년여 만에 극복했다. 월드컵 때는 700만이 거리에 쏟아져 외신들이 '조작' 이라고까지 할 만큼 열정의 나라를 만들었다. 월드컵에서 1승도 못하다가 갑자기 세계 4강을 뚝딱 해냈으며, 세계 각 우수대학의 1등자리를 우리나라 사람이 휩쓰는 미스터리를 연출하기도 했다.

속도의 경제학은 비단 단거리 육상경기에서 뿐만이 아니라, 기업체의 최고 경영자들에게도 미학이 아닐 수 없다. 스피드 경영은 경영자들이 떠받드는 시대정신이 되었으며, 서구에서 정보통신이나 신경영이라는 주제 아래 만들어지는 새로운 용어를 보면 우리가 과거 빨리빨리 문화로 풀고자 했던 상황들을 재연하고 있다.

'빨리빨리'는 이미 서구 기업들이 배우고 있다. 왜냐하면 경영 환경의 불확실성과 IT기술의 발전으로 신속한 대응 능력이 더욱 요구되기 때문이다. 요즘 유행하고 있는 실시간 기업(RTE, Real-Time Enterprise)의 개념도 사실 따지고 보면 그 지적 재산권이 우리나라의 것인 셈이다.

속도 중시의 문화는 우리나라의 소중한 무형 자산이다. 우리는 고유문화에서 경쟁 우위의 자산을 발굴하고, 우리의 DNA 속에 내재돼 있는 여러 장점들을 제대로 살려내야 할 때이다. 1등만이 살아남는 경쟁시대에 '빨리빨리' 라는 우리만의 잘 정리된 방법이 큰 힘의 원천이 되어줄 것이다. 이제 국제화시대에 한국인의 빨리빨리 문화를 외국인이 다 학습해 가기 전에, 부정적인 면이 있다면 걸러내고 우리들의 속에 살아 숨쉬는 '빨리빨리' 의 강점을 잘 가꾸어 경쟁 우위의 요소로 삼아야 하겠다.

주몽과 태양의 전령, 삼족오

⊛ 역사드라마 '주몽'이 인기리에 종영된 이후 지금은 케이블 방송에서 재방송이 되고 있다. 고구려의 건국신화를 그린 '주몽'에서 부여국의 신녀(神女)였던 여미을에게 삼족오(三足烏)가 나타나는 장면을 통해 삼족오에 대한 관심이 높아졌다. 삼족오는 또 다른 TV드라마 '연개소문'에서도 자주 등장한다.

한편 우리나라 새 국새(國璽)의 손잡이 문양으로 삼족오가 제안되었다는 말이 알려지면서 국민적 관심이 더욱 커지고 있다. 이처럼 삼족오는 우리 민족의 문화적 상징임에도 불구하고 그 상징성에 비하여 일반인들의 이해는 지극히 낮은 편이다.

그렇다면 삼족오란 무엇인가? 원래 삼족오는 고구려와 동이족의 고분벽화에 많이 등장하는 다리가 셋 달린 까마귀이다. 삼족오(三足烏)의 오(烏)는 새 조(鳥)자에서 가운데 선 하나가 빠진 성형문자이다. 오(烏)는 '까마귀'라는 풀이 외에 '검다'는 의미가 있다. 오골계(烏骨鷄)의 오(烏)는 까마귀가 아닌 '검다'는 뜻

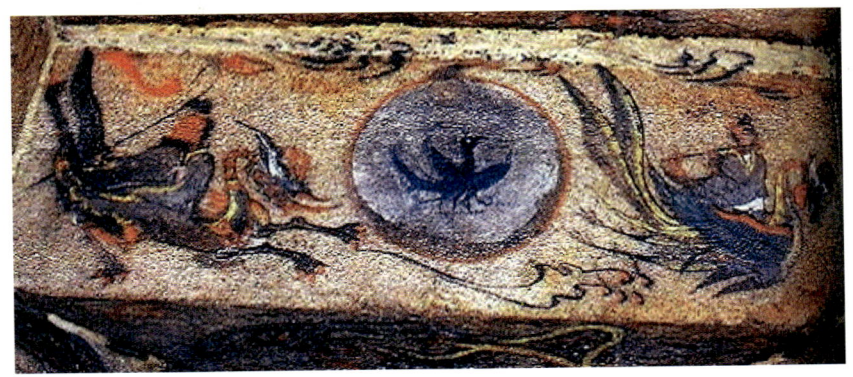
고구려 고분벽화에 새겨진 삼족오의 모습

이다. 예로부터 검은색과 3의 수는 양(陽)을 의미하고, 날아다니는 조류는 하늘을 상징하였으며, 이 세 가지를 만족시키는 것이 바로 '삼족오'로 해(日)를 의미한다. 보통의 고대민족은 자신들이 태양, 즉 하늘의 후손(천손)이라는 뜻에서 해 안에 삼족오를 그려 넣고 자신들의 문양으로 삼았다. 그 대표적인 민족이 고구려이다.

삼족오는 태양의 흑점과도 관련이 있다. 흑점 중앙의 가장 검은 부분이 세 발달린 검은 새의 모양으로 보인다 하여 삼족오라 한 것으로 여겨진다. 마치 달(月)에 두꺼비와 옥토끼가 산다고 믿은 것과 같은 이치이다. 국어사전에도 '까마귀 오'로 잘못 직역된 풀이 외에 '태양을 달리 일컫는 말'이라는 해석이 있다.

실제로 '검을 오(烏)'가 들어가는 태양을 뜻하는 단어로 일오(日烏)·금오(金烏)·준오(踆烏)·현오(玄烏)·삼족오(三足烏) 등 많은 표현이 있다. 특히 금오(金烏)와 준오(踆烏)는 삼족오를 뜻하는 다른 명칭으로, 삼족오는 그 자체가 태양이면서 하늘의 새이기도 하다.

삼족오는 태양에 살면서 태양의 불을 먹고 사는 '태양의 전령'으로 전설에 나타나는데, 태양은 바로 하늘과 밝음을 상징한다. 삼족오의 발(足)이 세 개인 것은 천지인(天地人)을 의미하는 만물의 완성체로 하늘과 땅과 사람을 이어주는 '신의 전령사'이며, 숭배의 대상이었기 때문이다.

스스로 하늘에서 내려온 천손이라 자부한 고구려 고분벽화의 이 삼족오가 우리나라 새로운 국새(國璽)의 손잡이 문양으로 거론되고 있는 것이다. 지난 1999년 김대중 정부시절에 만든 '3호 봉황국새'에 금이 갔다는 감사원의 발표 이후 국민들이 차기 국새의 손잡이에 이 삼족오를 새기자는 의견이 가장 많았다는 것은 의미 있는 일이다. 여담이지만 반기문 유엔사무총장의 도장에도 삼족오가 그려져 있다.

반기문 유엔 사무총장의 도장

고구려 고분벽화에 등장하는 삼족오는 당당하다. 벽화에서 삼족오는, 왼쪽에는 중국의 황제를 상징하는 용을, 오른쪽에는 제왕을 상징하는 봉황을 거느리고 있다. 시기적으로 당시의 고구려는 수나라, 당나라와 겨루며 제국(帝國)을 도모했던 역사상 가장 강력했던 때이며, 임금을 태왕(太王, 왕中왕, Emperor)이라 하던 시기였다.

용이 중국의 것이듯이 삼족오는 고구려의 상징이었다. 그래서 삼족오는 우리의 기상이며 상징이다. 삼족오는 까마귀가 아닌 태양을 상징하며 하늘의 새이고 '세발달린 길조 태양새'인 것이다.

자주와 호국사상이 당당한
삼국유사

◉ 일연(一然)은 고려 후기의 고승으로 속성은 김(金)씨, 이름은 견명(見明)이며, 〈삼국유사(三國遺事)〉의 저자이다. 삼국유사는 김부식의 〈삼국사기(三國史記)〉와 더불어 고대 사적의 쌍벽을 이루는 최고의 역사서이다. 삼국사기가 여러 사관(史官)들에 의하여 쓰인 정사(正史)라면, 삼국유사는 일연 혼자의 손으로 쓴 야사(野史)이다. 때문에 체재나 문맥이 삼국사기에 못 미치는 것이 사실이다. 하지만 정사에서 볼 수 없는 많은 고대의 역사적 사료를 수록하고 있기 때문에 둘도 없이 소중한 가치를 지닌 문헌이기도 하다. 전통문화에서도 삼국사기보다 삼국유사의 예를 많이 인용하는 것은 그만큼 민속과 고유문화 등 전통적 가치가 풍부하기 때문이다.

특히 고조선에 관한 서술은 단군을 민족의 시조로 받드는 근거가 되기도 하였다. 그 밖에도 많은 전설·신화가 수록된 설화문학서(說話文學書)라고도 일컬을 만하며, 고대 문학사의 실증에서도 절대적인 가치를 지니고 있다. 육당(六堂) 최남선(崔南善) 박사는 "삼국사기와 삼국유사 중에서 하나를 택해야 한다면, 서슴

없이 후자를 택할 것"이라며 삼국유사를 높이 평가한 바 있다. 그동안 문화재 지정에서 낮게 평가되었던 삼국유사가 얼마 전 일괄 국보 및 보물로 지정되었음은 참으로 다행스러운 일이다.

일연의 삼국유사는 왕 명으로 편찬된 삼국사기의 이면에 가려진 왕권중심의 유교적 통치이념과 김부식의 서술 태도를 철저히 비판하고, 우리 민족의 자주성을 살리기 위하여 삼국사기에 빠진 고대 사료들을 발굴·정리하였다. 고구려, 백제, 신라 등 삼국의 역사뿐 아니라 삼국사기가 기록하지 않은 고조선, 기자조선, 위만조선과 가락국 등의 역사까지 다루었고, 단군신화를 비롯한 신화와 설화들의 원형, 정형 시가의 가장 오래된 형태인 향가 14수, 방대한 불교자료와 민속, 일화 등이 실려 있어 국문학, 지리, 사상, 종교, 민속과 전통예절 등의 연구에도 소중한 유산으로 평가받고 있다.

또한 일연은 삼국유사를 통하여 중화사상에 대항하는 자주의식을 바탕으로 호국사상과 민족적 자긍심을 일깨우고 있다. 한민족의 신화와 전설, 역사와 종교에 관한 비교·검증과 현지답사 등으로 일관한 집필의식에는 일연의 개성이 살아 숨 쉬고 있으며 특유의 자유스러운 사고가 넘쳐흐른다. 흥미로운 이야기 위주의 서술방식과 주체사상 그리고 선현들이 살아가던 이야기는 삼국유사를 생생하게 살아있는 역사서로 만들어 주고 있다.

이처럼 삼국유사는 훌륭한 유산이지만, 신라를 삼국시대의 다른 나라에 비하여 많이 미화하였고, 백제나 고구려의 야사가 적다는 지적 또한 있는 것이 사실이다. 또 불교의 내용들이 많은 것은 저자가 승려이고 개인이 쓴 야사이기 때문일 것이다. 그동안 여러 번역본이 있었지만 문장이 어려워 접하기 힘들었는데, 최근 현대적 감각으로 풀어쓴 번역본이 나와 역사를 공부하고자 하는 사람들에게는 기쁜 소식으로 다가오고 있다.

조국의 품으로 돌아온
조선왕조실록 오대산본

◉ **일제가 약탈해 간** 조선왕조실록 오대산 사고(史庫, 실록 보관창고)본 47책이 2006년 7월 7일 고국의 품으로 돌아왔다. 서울대가 "도쿄대로부터 조선왕조실록 오대산 사고본 47책을 기증받기로 합의했다"고 밝힌 지 일주일 만이다. 약탈물이 과연 '기증이냐 반환이냐'로 논란이 분분하다. 그래서 일본 측은 '기증'으로, 한국 측은 '반환'이라는 표현을 써 가면서 고달픈 여정을 마쳤다. 당초 반환 추진은 한국의 불교계, 시민단체, 일부 정치권이었으나 도쿄대가 전격 서울대와 학술교류협력 차원에서 기증한다는 모양새를 취한 것이다.

조선왕조실록(총1893권 888책)은 조선 태조에서 철종까지 25대 472년간의 역사적 사실을 각 왕별로 기록한 책을 통칭하는 이름이다. 조선왕조실록은 특정한 시기에 특정한 의도로 편찬한 것이 아닌, 역대 국왕이 교체될 때마다 편찬한 것이 축적되어 이루어진 역사서이다. 26대 고종(高宗)과 27대 순종(純宗)의 실록도 남아있으나 두 실록 모두 일제 강점기에 편찬되었으며, 조선왕조

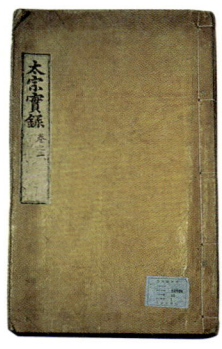 

조선왕조실록은 국보 151호로 지정되고 유네스코에 세계기록유산으로 등록될 만큼 문화적 가치를 인정받고 있다.

의 엄격한 편찬 규례에도 맞지 않을 뿐더러 사실 왜곡이 심하여 실록의 가치가 약하기 때문에 '조선왕조실록'에 포함하지 않았다.

이들 실록은 국보 151호로 지정되어 있으며, 1997년에는 훈민정음 2본과 함께 유네스코 세계기록유산으로 등록되었다. 한편, 조선왕조실록은 한문으로 기록되어 일반인이 읽기 어려웠으나, 국역본이 나와 이제는 누구나 쉽게 접할 수 있으며, 그냥 실록이라고 약칭하기도 한다.

고려 초기부터 사관(史館)을 설치하여 실록을 편찬했고, 조선왕조도 고려의 전통을 계승하여, 태조 7년(1398)에 공민왕 이후 고려말기 왕들의 실록을 편찬하였으나 안타깝게도 여러 차례의 전란으로 모두 소실되어 이것들은 전해지지 않는다.

실록은 조선시대 사회, 경제, 문화, 정치 등 다방면에 대한 기록이기 때문에 역사적 가치가 매우 높다. 또 사료편찬에 사관이라는 관직의 독립성과 비밀성이 보장되고, 편찬 작업은 다음 왕이 즉위한 후 펴냈으며, 임금도 함부로 열어볼 수 없도록 하였다. 사료가 완성된 후에는 특별히 설치한 사고(史庫)에 각 1부씩 보관하였는데 임진왜란과 병자호란을 거치면서 소실되었지만 20세기 초까지 태백산, 정족산, 적상산, 오대산 등 네 곳의 사고에 보존되어 왔다. 이처럼 국보이자 세계문화유산이었던 조선왕조실록 오대산본이 일본으로 강제 반출되었다가 93년 만에 다시 되돌아온 것이다.

당초 오대산 사고본은 1923년 관동대지진으로 모두 소실된 것으로 알려졌으나, 환수위가 올 초 도쿄대학 도서관을 뒤지던 중 일제시대 학자인 시라토리(白鳥庫吉)의 약탈 계획에 대한 자료가 발견되었고, 이 자료를 근거로 반환 협상이 이뤄져왔다. 결국 일본은 조선왕조실록 환수위원회의 압력에 굴복하여 실록을 반환할 수밖에 없었다. 왜냐하면 우네스코의 문화재 협약에 의하여 약탈이 확실한 물건은 반환되어야 한다는 근거가 있었기 때문이다. 물론 과거 약탈 문화재의 환수가 아닌 기증 형식을 빌린 것은 아마도 또 다른 문화재의 반환 도미노 현상을 막아보려는 의도가 있었기 때문일 것이다.

신사임당에서 비롯된
현모양처

⚛ **고액권 화폐주인공**으로 신사임당이 선정되자 일부 여성단체가 반발하고 있다. 그 이유가 "초상인물로 김구와 신사임당을 선정한 것은 헌법의 양성평등원칙에 위배된다"는 것 때문이었다. 또한 "김구는 애국심과 통일의 길을 모색한 지도자이고, 신사임당은 교육과 가정의 중요성"이라는 선정배경이 '남성=국가', '여성=가족'이란 전통적 사고의 답습이라며 비판하였다. 이는 성차별이라면서 유관순 선정을 요구한다. 보다 더 훌륭한 분으로 대표적 여성을 추천하려는 뜻이라면 당연하나, 가정과 현모양처는 국가보다 하위 개념이고 성차별이며 아름다운 전통도 배척의 대상이라면, 유관순도 혹 결혼하고 자녀를 훌륭히 양육했을 경우 거부 대상이 아닐는지 난감한 생각이 든다.

흔히 현모양처라면 인내심 많고 자기희생적 여성을 연상한다. 연속극 속의 현모양처도 무조건적인 순종을 하거나 착하기만 한 여성이니 진짜 현모양처로 보기는 힘들다. 실제 현모양처는 훨씬 엄하고 강하며 살림엔 창조적이고 무조건 인내하기보다는 관계개선을 꾀하는 인물이다. 이는 특정의 '현모양처'에 대한 이야기가 아니라 시대를 초월하는 개념이며 변치 않는 가치이다.

우리는 조선시대 신사임당을 전통적 현모양처로 꼽는다. 그는 중국 주나라의 어진 임금으로 칭송받았던 문왕(文王)의 어머니 태임(太任, 문왕이 뱃속에 있을 때 한 태교로 유명)을 본받고자 사임(師任)이라고 당호를 지었다. 신혼 초 남편과 10년간 학업을 닦은 뒤 다시 만나기로 약속했으나, 남편은 처가에 둔 부인이 보고 싶어 신사임당을 자주 찾았다. 사임당은 바느질 그릇에서 가위를 꺼내어 놓고 "나는 희망이 없는 몸이니 어찌 오래 살기를 바라겠습니까? 당신이 약속을 어기니 자결하는 편이 좋을 것입니다"라며 남편을 설득했다. 현모양처는 겸손만이 아니라 가정의 창조적 수호자여야 한다. 순종만을 묘사하는 것은 아마도 '강한 여성 콤플렉스'에 대한 저항 때문일 것이다.

강릉 오죽헌에 있는 신사임당 영정의 초상화

5만원 권에 그려진 신사임당의 모습

신사임당은 율곡 이이를 임신하고서는 정성껏 글씨와 그림을 그리며, 수백 년 전에 이미 태교를 한 어진 엄마였다. 남편 이공과 아들 이이를 모두 당대 최고의 학자로 만들어낸 그녀의 힘은 조화와 균형, 그리고 곧고 강한 인품에서 비롯된 것이다. 현모양처는 자기희생과 순종, 양성불평등의 나쁜 표본이 아니며, 어떤 현모양처도 자신의 재능을 썩힌 경우는 없다. 신사임당뿐만 아니라 최초의 여성변호사였던 이태영 박사, 소설가 박완서, 김영란 대법관도 자신의 능력을 발휘한 여성들이다. 자라보고 놀란 가슴 솥뚜껑보고 놀라선 안 된다. 현모양처는 가정을 스스로 이끌며 개인적 행복도 포기하지 않는 인간형이다.

이처럼 현모양처는 가정의 수호자이며 행운을 창조하는 능력자이다. 이것은 주부의 힘이고 권력이기도 하다. 옛 왕실에서도 현명한 중전은 내당 일을 독립적으로 운영하였고 남편인 임금에게는 지혜와 능력의 참모였으며, 세자에게는 훌륭한 양육자였다. 이같이 성공한 남편과 현모양처는 오랫동안 완벽한 혼인의 상징으로 여겨지고 있기도 하였다.

현모양처는 여성에 대한 남성의 족쇄가 아니며 여성의 자주적 영역이고 보람찬 몫이며 시대를 초월하는 가치 기준이다. 자신의 콤플렉스의 보상이나 대가를 바라는 마음이라면 이미 현모양처일 수 없다. 현모양처의 모형은 변해도 그 정신과 역할은 시대를 뛰어 넘는 것이다.

페미니스트(feminist)들은 현모양처를 남성들이 여성을 누르기 위해 만든 이미지라며 싫어한다. 그들의 주장이 설령 일정 부분 맞는 구석이 있더라도 부정적인 면만 부각시킨 측면이 많아 전적으로 동의하기는 어렵다. 그런 뜻에서 그녀의 고액권 초상 선정을 '국가망신' 운운하는 것은 지나치다는 생각이다.

남녀평등은 당위이나 양성 간 도전이 아닌 조정과 역할 분담이라는 순기능으로 이해함으로써, 서로 돕는 현모양처(賢母良妻)와 현부양부(賢父良夫)가 많이 생겨나길 기대해 본다.

우리에게 남겨진 무형의 재산,
아리랑고개

◉ **아리랑은 우리 민족이** 있는 곳이면 어디서나 꽃 피고, 그 토양에 맞게 다양한 노랫말이 녹아있다. 그리고 아리랑에는 늘 '아리랑 고개'가 등장한다. '아리랑 아라리요/아리랑 고개를 넘어간다' 처럼 '아리랑 고개를 넘어간다'라는 능동형뿐 아니라, '아리랑 고개로 나를 넘겨주게'라는 수동형도 있다. 도대체 우리 민족에게 아리랑 고개는 무엇인가? 고개는 산이 모태이며, 옛날부터 산을 신성시 하였다. 환웅이 내려온 곳이 태백산이며, 기우제(祈雨祭)도 산에서 지낼 만큼 산은 절대적이고 신성한 곳이었다.

예로부터 사람들은 신성한 산을 넘어 다녀야만 했다. 고개는 그 너머 미지의 세계로 가는 통로이기에 언제나 두려움과 기대감이 교차하는 곳이기도 하다. 사람들은 고개에 서낭당이나 장승, 돌탑을 쌓아 마을의 경계이자 수호신으로 여기며 안녕을 빌었다. '아리랑 고개는 열두나 고갠데/넘어 갈 적 넘어 올 적 눈물이 나네' 또한 우리 조상들은 고개를 오르내리는 것을 인

우리나라 각 고장에 전해오는 아리랑의 종류는 약 50여 종의 200여 수에 달한다고 한다.

생에 비유했다. 아리랑 고개가 열둘인 것은 시련과 고난의 인생을 표현한 것이며, 12지(十二支)와 일 년 열두 달과 저승에 이르는 열두 대문을 상징하기도 한다. 열두 대문은 많은 시련과 어려운 여정을 의미한다.

우리 민족의 삶 속에서 아리랑 고개는 좌절과 시련, 그리고 이를 극복하는 역사이며, 괴나리봇짐을 지고 넘던 고개였고, 눈물의 고개이기도 하였다. 백두산을 넘나들며 싸운 독립투사들에게는 혁명의 고개였으며, 슬픔에서 기쁨으로·좌절에서 극복으로·어둠에서 밝음으로 넘어가는 분수령이었다. 많은 아리랑 가사를 보면 '아리랑 고개를 넘어간다'고 했지, 넘어보니 어떻더라는 내용은 없다. 아리랑 고개는 결국 자신들이 처한 삶 속에서 꼭 넘어서야만 하는 현실이었고, 좌절을 넘어 새로운 세계를 추구하는 약동의 분수령이기도 하였으며, 미지의 세계이자 불멸의 세계로 자리하고 있었다.

아리랑은 민중과 생활 사이에 어우러진 상호 작용의 부단한 과정이며, 끊임없는 대화였다. 또한 아리랑 고개는 우리에게 남겨진 무형의 재산이며, 극복의 방향성을 제시한 민족의 노래이자 고개였다. 역사적 변동기에 지식인들의 고심이 지극히 나약한 면을 보였던 것과는 달리 민초들의 의식은 아리랑을 통해 구체적 이데올로기를 형성했다. 개인의 단순한 집합체나 이해관계에 의한 것이 아니라, 아리랑은 전국에 고루 퍼져 있는 민족의 노래요 혼이며 한민족의 동질성을 확보하고 있다. 한국의 문학사와 예술사에서 민요 중 아리랑만큼 질기고 굵은 맥을 지켜온 경우는 달리 보기 힘들다.

이처럼 아리랑 고개는 과거의 단순한 화석이 아닌 근대의 흐름 속에서 그때그때 새 생명을 얻으며 살아남은 민초들의 삶의 흔적이며, 애환과 가슴 부푼 희망의 통로였다. 이제, 우리는 민족정기를 되찾고 새 꿈을 펼쳐야 한다. 우리에게 아리랑 고개는 좌절이 아닌 극복의 새 통로이며, 약소민족에서 대국으로 최하의 빈국에서 세계 최대 경제 강국으로 가는 희망의 새로운 항로여야 한다. 추억이 된 고개의 정상에서 우리의 염원과 실종된 정체성을 되찾고, 세계를 향하여 대~한민국의 함성을 힘차게 울려보자!

엇갈린 슬픈 사랑 이야기

요즘 신혼초기의 이혼 이야기도 꼭 남의 이야기만은 아닌 것 같다.

각기 다른 환경에서 자랐고 개성이 서로 다르기 때문에 신혼은 5년이 위기고, 10년의 고비를 넘겨야 한다는 말이 있다. 남편은 고집이 좀 있고 아내는 내성적으로 마찰해 오다가 끝내 성격 차이를 이유로 이혼을 했다. 당일, 이혼 처리를 도와준 변호사와 저녁 식사를 함께 했다. 음식은 그들이 평소 즐기던 오리고기였다.

이혼한 남편은 밉지만 끝으로 자기가 좋아하는 날개를 찢어 아내에게 주었다. 권하는 모습이 보기 좋아서 동석한 변호사는 어쩜 이 부부가 다시 화해할 수도 있지 않을까 생각하는 순간, 아내가 기분 나쁜 표정으로 화를 냈다. "당신은 도대체 결혼 초부터 항상 그랬어요. 너무 자기중심적이더니 이혼하는 날까지도 그래요? 난 다리 부위를 좋아하는데……. 내가 어떤 부위를 좋아하는지 한 번이나 물어본 적이 있어요? 당신은 언제나 이런 식이고 남을 배려하지 않아요."

그동안 내성적이던 아내의 그런 반응을 본 남편은 놀라는 눈치였다.

"날개 부위는 내가 제일 좋아하는 곳이요. 내가 먹고 싶은 걸 참고 항상 당신에게 준 건데, 어떻게 그렇게 말할 수가 있소. 이혼하는 날까지도."

화가 난 부부는 서로 씩씩대며 자리를 박차고 일어나 각자 집으로 가버려 변호사의 기대는 산산조각이 났다. 집에 도착한 남편은 자꾸 아내가 했던 말이 생각났다. 정말 나는 한 번도 아내에게 무슨 부위를 먹고 싶은가 물어본 적이 없었구나. 내가 좋아하는 부위를 주면 그냥 좋아하겠거니 생각했을 뿐. 내가 먹고 싶은 걸 주어도 시큰둥한 반응을 보이는 아내가 항상 섭섭했지만 돌아보니 내가 얼마나 잘못한 일이었던가?

'아직도 사랑하는데 사과라도 해서 마음이나 풀어주어야겠다.'

이렇게 생각한 남편은 아내에게 전화를 걸었다. 핸드폰에 찍힌 번호가 이혼한 남편의 전화임을 안 아내는 화가 덜 풀려 그 전화를 받고 싶지 않았다. 전화를 끊어버렸더니 다시 전화가 걸려오자 이번에는 아주 배터리를 빼버렸다. 다음날 아침에 잠이 깬 아내는 이런 생각이 들었다.

'그러고 보니 나도 결혼생활 동안 남편이 날개부위를 좋아하는 줄 몰랐었네. 자기가 좋아하는 부위를 나에게 먼저 떼어 주었는데, 그 마음은 모르고 나는 여태 뾰로통한 얼굴만 하였으니 얼마나 섭섭했을까? 그런 마음을 몰랐구나. 아직도 사랑하는 마음인데, 헤어졌지만 사과라도 해 줘야지.'

아내는 남편 핸드폰으로 전화를 했지만 받지 않았다. '내가 전화를 안 받아서 화가 났나?' 하고 있는데, 낯선 전화가 왔다.

"전 남편께서 교통사고를 당했어요."

응급실로 달려간 아내는 핸드폰을 꼭 잡고 죽어있는 남편을 보았다. 핸드폰에는 마지막으로 자신에게 보내려던 문자 메시지가 있었다.

"미안했어, 사랑해!"

Cultural Heritage
Korea

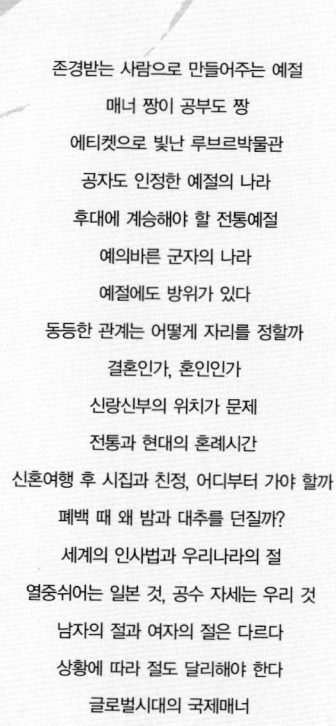

존경받는 사람으로 만들어주는 예절
매너 짱이 공부도 짱
에티켓으로 빛난 루브르박물관
공자도 인정한 예절의 나라
후대에 계승해야 할 전통예절
예의바른 군자의 나라
예절에도 방위가 있다
동등한 관계는 어떻게 자리를 정할까
결혼인가, 혼인인가
신랑신부의 위치가 문제
전통과 현대의 혼례시간
신혼여행 후 시집과 친정, 어디부터 가야 할까
폐백 때 왜 밤과 대추를 던질까?
세계의 인사법과 우리나라의 절
열중쉬어는 일본 것, 공수 자세는 우리 것
남자의 절과 여자의 절은 다르다
상황에 따라 절도 달리해야 한다
글로벌시대의 국제매너

Korea
filial duty
seasonal customs
Cultural Heritage
manners

2장

인성을 키워주는
한국의 명품예절

존경받는 사람으로 만들어주는
예절

⚜ **예절이나 에티켓은 몰라도** 생존에는 지장이 없다. 그러나 알면 존경 받는 리더가 될 수 있다. 미생물에게도 생활방식과 질서가 있다. 로빈슨 크루소처럼 외딴 섬에서 혼자 사는 생활이라면 생존만이 문제일 것이며, 누굴 배려할 마음 따위는 불필요할 것이다. 둘 이상의 집단에서는 사람이든 미생물이든 배려하는 마음과 질서가 필요하다. 이러한 배려하는 마음이 에티켓이고 예절이며, 이에 따르는 자세와 행위가 매너고 의식이다. 따라서 에티켓은 전문가의 전유물이 아닌 사회구성원이 지켜야 할 상식을 기초로 한다.

상식(常識, common sense)은 전문적 지식이 아닌 정상적인 보통사람이 가지고 있거나 가지고 있어야 할 보편적 생각을 뜻한다. 이웃마을로 가는 가깝고 편리한 오솔길이 있다면, 예절이나 에티켓은 인간관계와 생활공동체가 지켜야 할 필요하고 누구나 편하게 접근할 수 있는 지름길이어야 한다. 다만, 구성원이 많아지고 복잡한 사회로 발전하면서 보다 세분화되고 배려할 점들이 늘다보니, 개인의 자유분방함과 무질서가 다소 축소되는 측면이 있다. 예절은 이처럼 공동의 편의와 이익을 위하여 잠시 인내하고 남을 배려하는 분별력을 키워나가는 데 꼭 필요한 질서요 덕목이기도 하다.

인간은 타율을 싫어하고 자율을 선호하며, 자율은 법보다 앞서는 것이다. 법치사회에서도 좋은 이웃을 일러 '법 없이도 살 사람'이라고 말한다. 법이 있어야만 살 수 있는 유능한 법률가가 이웃에 있다면 싫어할 것이다.

이솝의 우화에 여우가 두루미에게 음식을 대접하는데, 국물을 접시에 담아 준다. 어느 강연에서 초등학생에게 그 이유를 질문해 보았다. 여우가 음식을 주기 싫어서 그랬다는 답변이었다. 주인인 여우는 잘 핥아먹을 수 있지만 손님인 두루미는 부리가 길어 먹지 못한다. 그래서는 손님 대접을 한 것이 아니며 에티켓이 아니다. 이는 여우가 두루미의 생활방식을 몰라서 저지른 잘못된 무례를 이야기한 예절의 본보기로 이해하면 좋을 것이다.

영국의 수필가이자 만화가인 맥스 비어봄(Max Beerbohm)은 "인생살이에서 일어나는 여러 일상의 일들을 우아하게 하는 방법은 익히고 배우지 않으면 안 되는 것이다"고 하였다. 에티켓은 남의 입장을 존중하며 폐가 되지 않는 생활규범을 실천코자 하는 노력을 통하여 자연스럽게 몸에 익혀진다.

필립시드니(Philip Sidney) 경은 '영국의 가장 훌륭한 기사'로 알려져 있다. 1586년 주트펜 전쟁터에서 빈사상태에 있을 때 그에게 물을 건네준 사람이 있었다. 그러나 그는 자신의 목을 축이는 대신 곁의 상처 입은 무명병사에게 "네가 나보다 더 필요할 것이다"고 하면서 물을 마시게 하였다. 이처럼 생활은 배려이며, 지혜는 예절이라는 이름으로 전수된다. 친절한 매너는 상대방을 편케 해주고 유쾌한 감정을 갖게 한다.

보통 상류사회로 갈수록, 큰 집단일수록 에티켓은 엄격하고, 하류 계층일수록 그 정도가 느슨하다. 상류 계층에 진입하여 리더가 되기를 바라면서 예절이 느슨하다면 모순이다.

예절은 지식의 정도와 무관하며, 오히려 지식이 겸손한 인성을 훼손하고 무례를 야기하는 경우가 종종 있다. 에티켓 없는 일등은 꼴찌보다 못하다. 대기업도 필기시험보다 인성과 면접이 중시되며, 지도자 자격도 인품이 우선인 시대이다. 자식의 성공적 삶도 어려서부터 공부에서의 일등보다 인성과 예절과 매너로 일등의 싹을 키워주어야 한다. 나이가 들수록 어려운 것이 인성이다.

매너 짱이
공부도 짱

◈ **현대생활에서 에티켓이나 매너가** 부족하면 큰 결격사유이고 사회적으로도 소외될 것이다. 예절은 강제되지는 않으나 어길 경우 다른 구성원들로부터 소외당한다. 아무리 공부를 많이 한 우등생도 이것 없이는 리더가 될 수 없다. 그래서인지 요즘 매너 리더십(manner-leadership)이라는 용어가 인기반열에 오르고 있으며, 대학에서도 새 학문으로 등장하는 추세에 있다.

예절은 우리의 것을 뜻하고 에티켓과 매너는 주로 서양 예절을 말할 때 쓰인다. 서양의 에티켓은 서양의 예절이니 그들과 교류가 빈번치 않을 때는 몰라도 별로 불편하다거나 무례하다는 말을 듣지 않았다. 그러나 현대는 사정이 다르다. 우선 우리가 입는 양복부터 서양의 옷이기 때문에 현대인의 복장 예절은 당연히 서양의 에티켓을 따르고, 양식을 먹으려면 역시 서양의 식탁 매너를 알아야 한다. 또한 지금은 글로벌시대로 지구가 거의 동시 생활권이며, 우리나라를 찾는 외국인들도 언어와 생활관습을 달리하는 사람들이다.

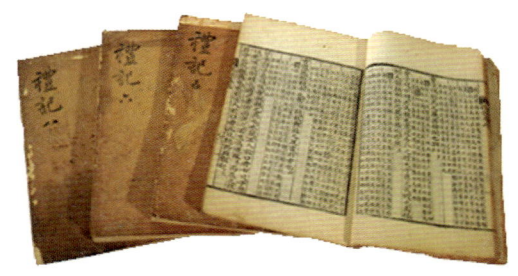

〈예기〉는 중국 고대 유가의 예에 관한 경전으로, 예에 관한 경전을 보완하여 구성하였다는 뜻을 가지고 있다.

우리는 그들 속에 살고 있고 그들과 더불어 여러 나라를 왕래한다. 자연스럽게 서양인들과 어울리게 되는 우리에게도 서양의 에티켓은 차츰 비중이 커져가고 있다.

그렇다면 생활관습이 다른 외국인과의 예절은 어떻게 하는 것이 좋은가? 예절서인 〈예기(禮記)〉를 보면 "예절이란 가장 마땅한 것을 따르는 것이며, 남의 나라에 가서는 그 나라의 풍속을 따르는 것이다"라고 쓰여 있다. 따라서 우리나라에 온 외국인들에게는 우리 예절로 상대해야 하고, 외국에 갈 때는 그 나라의 예절을 따라 행동해야 할 것이다. 우리나라에 온 외국인들에게 그들의 예절을 우리가 모르는 것은 흉이 아니며, 우리가 우리의 예절을 모르면 도리어 흉이 된다. 우리나라의 예절을 가능한 한 알아서 예스럽게 행하면 그 외국인이 우리의 예절을 미처 깨우치지 못한 점을 매우 부끄러워 할 것이다.

예절은 본래 귀족 사회의 것이었다. 상류층은 예절로 자신들의 계층을 특권화하려 했고, 갈수록 까다로운 의식들을 고안해 내기도 하였다. 그러나 제 1·2차 세계대전 후 사회 평등이 강조되고 기존의 귀족 계층이 사라지면서 특권층만의 예절이 아닌 보통사람을 위한 예절로 보편화되었다. 여기에서 대중 리더십이 등장하고 매너 리더십의 공간이 생성되기 시작했다. 요즘 남녀의 소개팅에서 '세련된 매너가 인기 짱'이며, 학교에서는 예의바른 가정교육을 받은 '매너 짱이 공부도 짱'이라는 신문 기사 제목을 본 일이 있다. 문제는 이들의 매너와 예절의 국적이다. 예절도 자기나라의 깊숙한 뿌리를 알고 애정을 느끼면 남의 것에 앞서 내 것을 먼저 알리려는 자부심이 생길 것이다.

에티켓으로 빛난
루브르박물관

❋ 프랑스의 루브르박물관을 구경한 적이 있다. 많은 전시된 유물과 역사에 놀라지만 더 놀라운 것은 관람객이 여유 있게 작품을 감상하는 진지한 태도였다. 반면 우리는 쫓기듯 뛰어다니며 구경하다가 이집트 실로 들어갔다. 그곳에서 어린이들이 문화교육을 받는 모습을 보고 또 놀랐다. 유치원생들이 이집트 실에서 그림을 그리는 모습이 보였다. 아이들은 각기 편한 위치에서 화판에 그림을 그리기 시작했다. 어린이들이 스스로 판단하여 남에게 '폐를 끼치지 않는 곳'을 선택하는 예의 바른 모습은 놀랍기만 하였다. 물론 교사는 말없이 눈빛으로 교육을 하고 있었다.

우리 일행은 구경에 한이 맺힌 사람처럼 이리 밀고 저리 밀려다니다가 한 작품도 가슴속에 간직하지 못한 채 나오고 말았다. 이러한 버릇은 이미 교사의 손에 숨 가쁘게 끌려 다녔던 유치원 때부터 초·중·고 수학여행에 이르기까지 계속되어진 잘못된 관행 때문일 것이다. 지금쯤 우리 어린이들도 조용한 교사의 눈빛으로 남에게 폐를 끼치지 않는 예스러운 지혜가 싹 트고 있다면 좋겠다.

일본의 예절교육은 더욱 엄격하다. 도쿄의 전철 안에서의 일이다. 출근 시간에 엄마와 함께 탄 아이가 이리저리 뛰어 다니자 주변 사람들이 불편한 눈치를 보였다. 그 순간 아이 엄마가 아이를 데려와 손바닥으로 따끔하게 혼을 내주었다. 아이가 엉엉 울 정도로. 서울의 엄마라면 혹 '왜 아이를 기죽이려 하느냐'고 항변하지 않았을까? 일본에서는 공공장소에서 남에게 폐를 끼치는 행위는 절대 용납하지 않는 교육을 아이 때부터 철저히 시킨다. 이처럼 생활화된 예절은 대학에서도 보인다. 교수가 계단을 올라가면 내려오던 학생들은 걸음을 멈춘다. 교수가 다 올라올 때까지 공손히 기다렸다가 내려간다. 이러한 예절교육이 일본을 문화강국으로 만든 건 아닐까?

서울에 세계 6대 박물관이라는 국립중앙박물관이 문을 열면서 국민의 사랑과 세계의 관심이 매우 컸다. 박물관이 날마다 인산인해이니 다행이나 몇 가지 문제가 있다. 전시물에 플래시를 터뜨리지 말라는 안내 방송을 해도 플래시는 터진다. 심지어 건물 안에 주저앉아 도시락을 먹는 사람도 있다. 이쯤 되면 우리의 질서와 예절문화는 몇 점짜리인지 알 수 있지 않겠는가?

대학생들의 예의 수준도 가히 바닥을 치고 있다. 그 결과 수업시간에 미안한 기색도 없이 칠판 앞을 걸어 나가고 들어온다. 수업의 맥이 끊길 수밖에 없다. 수업 도중에 울리는 휴대폰 벨 소리도 문제다. 그래서 한 번 울릴 때마다 '감점제도'로 벌점을 부과하는 제도를 만들었단다. 우리나라 대학생들의 현재 모습이다.

　　예절과 질서는 서로를 위한 사회적 약속이다. '예(禮)' 자를 살펴보면 음식을 넉넉히 차려 놓고 하느님께 제사 드리는 모습이 담겨 있다. 결국 예절은 인간의 겸손하고 경건한 마음가짐이다. 음악 '악(樂)' 자도 크고 작은 악기로 음악을 연주하는 즐거운 모습이다. 이제 에티켓이 바로 즐거움인 시대이다. 예절과 즐거움이 스스럼없이 만날 때 우리도 세계가 부러워하는 아름다운 문화강국이 될 수 있을 것이다.

공자도 인정한
예절의 나라

◉ 공자는 BC 551년 노나라 추읍(현재 산동성 곡부)에서 태어나 BC 479년 73세까지 살았던 아시아가 낳은 위대한 성인(聖人)이다. 공자는 예수나 석가모니와 달리 유일하게 신격화 되지 않은 인물이다. 따라서 몇 살 때 뭐했고 누구와 결혼하고 제자는 누구며 하는 상세한 기록이 있다.

공자는 우리와 같은 보통사람이고 평생에 변변한 벼슬도 못했으면서도 3천여 명의 제자를 길러냈다. 교육의 줄기가 '사람답게 살라', '사람 노릇 하고 살다 가야 한다'는 것이고, 당신 스스로 유교(儒敎)의 창시자가 아닌 이미 있는 예의들을 정리·집대성한 것이라 하였다. 또한 종교는 내세관(來世觀)이 있는데, 공자는 제자가 죽음에 대해 묻자 "삶도 제대로 모르는데 어찌 죽음에 대해 말하랴"고 하였다. 유교는 조선 500년을 지탱한 국가경영 이념이고 인간 수양에 관한 가르침이었다. 따라서 유교가 종교는 아니다.

공자의 6대손(혹은 7대손) 중에 공빈이라는 사람이 살던 집을 헐다 벽속에서 발견한 책이 전국시대 위나라 안희왕(安釐王) 10년(BC 268년)에 공빈이 쓴 〈동이열전(東夷列傳)〉이다. 그 내용을 보면 다음과 같다.

 "먼 옛날부터 동쪽에 나라가 있는데 동이(東夷)라 한다. 그 나라에 단군이라는 훌륭한 사람이 태어나니 아홉 부족 구이(九夷)가 그를 받들어 임금으로 모셨다. 일찍이 그 나라에 자부선인(紫府仙人)이라는 도에 통한 학자가 있었는데, 중국의 황제(黃帝, 중국인의 시조)가 글을 배우고 내황문(內皇文)을 받아 가지고 돌아와 염제(炎帝) 대신 임금이 되어 백성들에게 생활 방법을 가르쳤다.

 순(舜)이 동이에서 와 요(堯)의 다음 왕이 되어 백성들께 사람 노릇하는 윤리를 처음 가르쳤다. 소련과 대련 형제가 부모에게 극진히 효도하더니 부모가 돌아가시자 3년을 슬퍼했는데, 이들이 동이의 후예이다. 그 나라는 비록 크나 남의 나라를 업신여기지 않고, 군대는 강했지만 남의 나라를 침범하지 않았다. 풍속이 순후해 길을 가는 이들이 서로 양보하고, 음식을 먹는 이들이 서로 미루며, 남자와 여자가 따로 거처해 섞이지 않으니, 이 나라야말로 동쪽의 예의로운 군자의 나라가 아닌가? 그래서 나의 할아버지 공자께서 '그 나라에 가서 살고 싶다'고 하셨다 한다."

 우리를 예의지국이라고 한 〈동이열전〉의 세 가지 지적은 첫째 길을 가는데 사람들을 만나면 먼저 본 사람이 길을 양보하고, 둘째 밥을 먹는데 상대방에게 먼저 드시라고 사양하며 거지에게도 항상 꼬마상에 밥을 챙겨주던 우리의 풍습이 밥을

공자의 초상

나누는 예의였고, 끝으로 남자와 여자는 분별이 있어 자리를 함께 하지 않는다는 것이다.

이처럼 예절이란 생활 속의 사소한 것들이 모인 버릇이고 시쳇말로는 '싸가지'이다. 한마디로 동일한 생활문화권에서 오랜 습관으로 정립된 관행적 생활규범이다.

공자가 군자의 나라 동이에 가서 살고 싶어 한 것을 보면, 공자가 살아있을 때 이미 우리는 도덕이 정립된 강국이었음이 분명하다. 그러면서도 우리의 기록이 없는 까닭은 서기 668년 고구려 멸망 시에 당장 이세적(李世勣)이 전적을 쌓아 둔 서고에 불을 질러 4개월 간이나 태웠다는 기록으로 보아 우리의 문화유산이 그때 완전히 소실되었음을 알 수 있다.

이후 우리는 우리의 기록을 갖지 못한 채 중국의 기록에 의해서 겨우 우리 고대문화의 단편과 명맥을 엿볼 수 있을 뿐이니 참으로 안타까운 일이 아닐 수 없다.

후대에 계승해야 할
전통예절

◉ 옛것은 오래되고 쓸모가 없어 버려야 할 것이 많다. 그 옛것에서 필요하고 후손에게 계승해야 할 값어치가 있는 것이 전통(傳統)이다. 전통은 어떤 집단이나 공동체에서 지난 시대에 이미 이루어져 내려오는 유용한 사상·관습·행동 등의 양식이다. 그럼에도 현대인을 자처하는 사람일수록 전통과 옛것을 싸잡아 먼지 낀 불필요한 잡동사니로 여기는 경향이 있다. 여기에는 우리가 오랫동안 식민지 생활 등 어려움을 겪는 와중에 우리의 것은 뒤떨어지고 부끄러운 것으로 알게 모르게 교육된 점도 한 원인일 것이다.

역사적으로 신라가 당나라과 연합하여 삼국통일을 이루었지만 광활한 중국대륙을 양보함으로써 우리의 영토가 한반도로 축소된 것은 아쉬운 일이었다. 일제 침략은 우리의 혼과 정체성을 앗아간 치욕이었으며, 해방 후 밀려든 서양 문물은 선진화된 새로운 매력이었다. 내 것은 작고 약했으며, 남의 것은 크고 강했으니, 외국 학문과 풍물을 아는 것이 힘이요 신지식인의 대명사였으리라. 이제, 우리나라는 세계 경제 규모 10위권으로 성장하였고 한류 열풍이 일면서, 우리 고유문화의 재발견과 글로벌시대에 나의 것이 힘이요, 곧 세계화라는 사실을 서서히 일깨워가고 있음은 다행스러운 현상이다.

학창시절 스승이 "고전(古典)이란 모름지기 재독할 가치가 있어야 한다"고 말씀하신 기억이 난다. 고전이기 위해서는 시대가 바뀌어도 그 시대에 걸맞는 깨달음을 얻을 수 있어야 한다. 전통은 고전과 같은 것이다. 전통과 고유문화가 씨줄과 날줄로 교차하고 힘차게 맥박 치며 현대를 꽃피울 때 우리도 세계에 얼굴을 들고 당당하게 '나는 코리안'이라고 외칠 수 있을 것이다. 선진국일수록 고유문화를 아끼고, 보통의 옛것을 값진 전통과 현대로 승화시킨다. 한때 '해가지지 않는 나라'로 불리고, 전통의 왕실·품격의 신사도로 대표되었던 영국은 전통 위에서 새로운 것을 창조하기로 유명한 나라이다.

오래된 옛것에서 전통을 찾고 무언가 가치 있는 새로운 창조를 모색하는 것은 기본적인 인간의 태도이다. 전문가들이 가치 있는 색다른 역사적 사물을 발견하고 보존하는 일은 전통의 계승이며, 내일의 문화를 창조하는 일이기도 하다. 더러는 때 묻은 연애편지를 발견하고 한두 세기 전의 여인을 만난다는 정서적 감흥도 있을 수 있다. 이 같이 몇 백 년 전의 누군가와 조우하면서 당시의 역사를 맛보는 학자적 기쁨에 취하고, 전통의 발굴과 문화 보존에도 기여한다는 점은 감동스럽고 전문가로서 보람이기도 할 것이다.

전통이란 한 민족의 오랜 고유문화일 뿐만 아니라 그 민족에게 가장 적절한 삶의 지혜이기도 하다. 또한 건축, 의상, 생각과 행동, 생활양식에 고루 담겨있는 값진 정신적 지주이다. 우리에게도 일제수난에서 다시 태어난 자랑스러운 한글이나 문화콘텐츠로 자부심을 가져도 될 전통과 고유문화가 산

재해 있다. 또 전통예절·동방예의지국 등 정신적 유산 역시 값으로 따질 수 없이 무궁무진하다. 지금은 고전(古典)처럼 선조들의 얼과 슬기가 서려있는 우리의 전통과 고유문화를 한때 수모를 겪은 역사만큼 시간을 아껴 복원하고 발전시켜야 할 때이다.

예의바른
군자의 나라

✼ **예로부터 중국은 우리를** 동이(東夷)라 하고 '군자의 나라'로 칭하였다. 오랑캐란 야만인을 의미하고, 보통 전쟁 시 미개한 적을 칭하는 말로 많이 쓰인다. 6.25 남침 때 우리는 중공군을 떼놈 혹은 중국 오랑캐라 했고, 이북에선 미군을 오랑캐라 하였을 것이다. 이처럼 오랑캐는 상대적으로 쓰이는 말로 어느 한쪽만을 칭하는 일방적인 용어일 수 없다. 설령 쌍방이 다투며 서로를 비하하는 것은 어쩔 수 없으나 한자문화의 기록과 전파는 귀중한 문헌적 가치와 함께 많은 오류도 범하고 있는 것 같다.

BC 268년 공빈(공자의 자손)이 쓴 〈동의열전〉에 보면 '동쪽에 나라가 있는데 동이라 한다. 지역은 조선 백두산에 접해 있고, 훌륭한 단군은 요임금과 한 때의 일이다. 순임금이 동이에서 나와 중국에 와서 천자가 되니 뭇 임금 중 우뚝했다'는 기록이 있다. 또한 서기 100년 후한(後漢)의 허신이 쓴 〈설문해자(說文解字)〉라는 책은 권위 있는 한자의 최초 사전인데, '이(夷)는 평평하다는 뜻이며, 글자는 대(大)와 궁(弓)이 합한 것으로 대인이고, 동방의 사람이다'고 했으며, 어질고 활 잘 쏘는 '예의군자지국(禮儀君子之國)' 이라고 하였다.

이처럼 이(夷)는 오랑캐가 아니다. 공자가 말년에 살고 싶다던 동이가, 더욱이 그들의 순임금을 동이출신이라면서 어찌 오랑캐일 수 있겠는가? 이(夷)의 사전적 뜻도 아닌 어느 일방적 해석이나 비하에 우리는 일희일비해서는 안 된다. 누구나 자기를 우월적 존재로 보고자 한다. 중국은 변방의 침범에 시달리며 스스로 중화(中華)라 자처하고, 어느 날 이민족을 오랑캐로 폄하하기 시작했다. 중국과 주변민족을 '문명 대 야만'의 대립구도로 호도한 것은 사마천의 〈사기〉이며 '주자(朱子, 1130~1200년, 송나라의 유학자)'라는 설도 있다.

중국은 사방의 주변국을 '동학(東咯)·서융(西戎)·남만(南蠻)·북적(北狄)'이라며 야만시하였다. 그러나 〈오랑캐의 탄생〉의 저자 미국 프린스턴대 석좌교수 '니콜라 디코스모'의 주장은 명쾌하고 유익하다. 그는 "주변국이 중국의 교화대상인 미개인이 아니라 선진문화로 오히려 중국에 금속문화와 기마술을 전파한 자료들이 보이며, 중앙 유라시아 대륙에서 발견되는 공통의 유적과 공예품들은 이를 증명한다"고 말한다. 당시 한(汶)나라와 맞선 위협적 존재였던 북방 유목민(흉노)을 '음습하고 불길한 땅에 사는 벌레 같은 미개인'으로 매도한 것도 중국이 기록한 일방적 비하라는 것이다. 이 같은 오랑캐의 이미지가 한자 문화권에 전파되어 오늘도 많은 혼돈을 야기하고 있다.

동이(東夷)도 이러한 중화사상에서 자유로울 수 없다. 모든 주변의 이민족이 미개인이 되어야 자신만이 스스로 중화(中華, 세계중심의 문화국)일 수 있다. 공빈과 허신(許慎, 30~124년, 후한시대의 학자) 그리고 청시대 단옥재(段玉裁, 1735~1815년, 청나라 때의 학자)에 이르기까지 동이예찬은 무수히 많음에도 불구하고 어느 날 동방의 오랑캐로 뒤바뀐 어처구니없는 현실은 긴 세월 한자 문화권의 역사관으로 우리 스스로가 이중적인 잣대에 시달리고 있는 것임에 틀림없다.

예절에도
방위가 있다

❀ 2008년 4월 19일, 이명박 대통령과 미국의 부시 대통령 두 정상이 워싱턴 인근 캠프데이비드에서 기자회견하는 장면이 TV로 위성 방송되었다. TV의 화면을 보니 이 대통령이 부시 대통령의 우측에 위치하고, 이명박 대통령이 귀국길에 일본을 방문하여 일본총리와 회담하는 장면에서도 이 대통령이 일본총리의 우측이었으나, 얼마 후 미국 부시 대통령이 한국을 방문하여 청와대에서 이명박 대통령과 기자회견 당시의 장면은 이 대통령이 부시 대통령의 좌측에 위치하고 있었다. 국가에는 의전이 있고 개인에게는 예의가 있다. 그렇다면 일관성이 있어야 하는데 우리나라 대통령의 위치는 왜 이처럼 바뀌는 것일까?

잘 살펴보면 일관성이 있는 점을 발견할 수 있을 것이다. 방문 현지의 국가원수가 손님 대통령의 좌측이고 손님 대통령은 그의 우측이라는 사실이다.

예절의 방위는 자연의 동서남북과 다르다. 윗분을 가장 편한 자리에 모셔야 하기 때문에 위치가 정해지면 그 자리가 상석이 되며 북(北)으로 간주한다.

당연히 국가원수인 두 정상이 있는 곳이 상석(北)이 되며, 그 앞의 기자석이 남(南), 두 정상의 좌측이 동(東)이다. 따라서 주인 부시 대통령이 동(東)편에 손님인 이 대통령이 서(西)편에 자리한 것이다. 두 번째 이명박 대통령과 부시 대통령의 회담 장소는 청와대이므로 주인인 이 대통령이 동(東)편에 위치한 것도 같은 맥락이니 주인과 손님의 위치가 정해져 있음을 알 수 있는 대목이다. 이를 주동객서(主東客西)라고 말한다. 주동객서란 주인이 동쪽을 차지하고

이명박 대통령의 미국 방문 당시의 장면(위)과 부시 대통령이 우리나라를 방문했을 때의 장면(아래)에서 위치가 다르다

손님은 서쪽에 모신다는 뜻이다. 여기에서 말하는 좌(동)·우(서)란 TV를 시청하는 '나' 기준이 아니라, TV 화면의 주인공인 국가원수를 기준으로 말하는 것이다. 시청자인 나와 화면의 주인공은 서로 맞보고 있기 때문에 좌(동)·우(서)가 다르다.

〈예서(禮書)〉에 의하면 해 뜨는 동쪽이 집의 근본(日出東家의 根本)이며, 집주인은 언제나 동쪽을 지키는 법이고 손님은 서쪽에 모시는 것으로 되어 있다. 궁궐에서는 왕세자가 세자 중 으뜸이요, 장래의 주인이므로 거처하는 곳은 동궁이며 동궁마마로 불렸다. 민가에서도 주인이 동편에 자리하고 손님을 서편에 모시는데, 흔히 사위를 백년손님이라고 하며, 호칭도 김 서방(西房), 박 서방이다. 사위는 한자어로는 사위 서(壻)로 서랑(壻郞)이라고 하나, 이는 호칭이 아닌 남의 사위를 높여 부르는 말이다. 자연의 방위나 지도는 북극성이 있는 위쪽이 북이고, 그 맞은쪽이 남, 해가 뜨고 지는 쪽이 동서가 된다. 예절의 방위는 상석을 북으로 간주하고, 북(상석)은 항상 방위의 기준이 된다. 앞이 남, 좌가 동, 우측이 서가 될 것이다. 그냥 좌우로 말하면 상대의 좌우인지 혹은 나의 좌우인지가 혼돈되기 때문이다.

바쁜 생활에 무슨 방위냐는 사람도 있을 수 있으나, 국제의전이나 일상생활 등에서 다양하게 활용되기 때문에 알아둘 필요가 있다. 이것을 모르면 국가의전은 물론 개인회사의 총무과장을 하기도 어려울 수 있고, 사가에서도 손님을 맞을 때나 세배할 때 부모자리도 정하기 힘들며, 사위가 서방인지 동방인지도 모를 것이다. 이것은 우리문화이면서 국제의전이기도 하다.

동등한 관계는
어떻게 자리를 정할까

◉ **어느 지방 청년이 출세를 하여** 금의환향을 하였다. 모처럼 부모님과 집안의 어르신들을 모시고 마을회관을 빌려 잔치를 크게 벌였는데, 친척 할아버지가 화를 내시며 자리를 박차고 나가시는 바람에 잔치 분위기가 엉망이 되었다. 알고 보니 좌석 배정이 잘못 되어 불쾌하셨던 모양이다. 이러한 경우는 비일비재하다.

처음 헌법재판소가 생긴 후 행사장에 초청된 헌법재판소장이 갑자기 통고 없이 불참했다. 좌석 배정이 국무총리의 앞이냐 뒤냐의 문제가 야기된 것이다. 이처럼 좌석 배정은 중요한 것이어서 방의와 상하석의 기준은 항상 중요하다.

예절에서 말하는 방위(동서남북)는 자연의 방위와 관계없이 어른이나 주단이 상석(上席)이고 북(北)으로 간주한다고 이미 설명한 바 있다. 가정의례나 국가의 전에는 서열이 있다. 예절의 방위는 상하석을 배정하는 데 기준이 되며, 상하석의 원칙을 따라야 한다. 방위의 기준과 상하석의 원칙만 정확하다면, 집안이나 정부의 서열에 따라 이를 잘 적용하면 될 것이다.

북(北)은 항상 방위의 기준이고 남(南)보다 상(上)이다. 동(東)은 서(西)보다 상이고, 중앙은 양측보다 상이다. 앞은 뒤보다 상이며, 편한 곳이 불편한 곳보다 상석인 것은 상식일 것이다. 그러나 상하 관계가 아닌 경우도 있다. 남자와 여자, 주인과 손님, 문관과 무관은 동등한 관계이다. 이러한 때도 어떤 기준이 있어야 의식에서 자리를 배정하고 행사를 진행할 수 있다.

남녀는, 남자는 동이고 여자는 서이다. 이를 남동여서(男東女西)라고 말한다. 이것은 남녀차별이 아니라 남자는 양이고 여자는 음으로 보며, 동은 양이니 남자요 서는 음이니 여자라는 음양설에서 연유하였다.

물론 직장에서라면 남녀를 떠나 직급을 우선한다. 주인과 손님은 주인이 동이고 손님은 서이다. 이를 주동객서(主東客西)라고 한다는 점을 앞에서 대통령의 외국 순방의 사례로 설명한 바 있다. 문관과 무관은 문관이 동이고 무관이 서이다. 동은 밝음을, 서는 어둠과 흉함도 뜻하니 무기를 지니는 무관을 서쪽으로 하였다.

문화는 나라마다 다르나 방위와 상하석은 동서양이 비슷하다. 북극을 축으로 지구의 방위는 세계가 같고, 상하 개념도 비슷하기 때문일 것이다. 누군가가 모처럼 산소를 찾았다. 산소는 높은 쪽을 북(상석)으로 간주하고 남향한 것으로 본다. 절하는 자리가 남이고 조상은 상좌에 잘 모신 셈이다. 한데 비석이 없어 산소의 봉분 중 어느 편이 조부모인지 헷갈릴 수가 있다. 산 자는 남동여서지만 죽은 자는 그 반대이니, 산소(북) 기준으로 우측(서)이 조부요 좌측(동)이 조모이다.

혼례의 신랑신부는 산 자로 그 위치가 '남동여서' 이니 주례(북)의 좌측(동)이 신랑, 우측(서)이 신부여야 한다. 이것이 바뀌면 죽은 자의 방위이므로 우스운 일이 된다. 서양 혼례의식도 그러하나, 유독 현대 예식장의 일부에서 신랑신부를 죽은 자의 위치에 세우고 있으니 무례의 소치가 아닐 수 없다. 여러분들은 혼인식 때 어느 위치에 섰는지 기억을 떠올려 보기 바란다.

결혼인가, 혼인인가

❀ **결혼(結婚)과 혼인(婚姻)은 다르다.** 신랑신부는 예식장에서 결혼서약(結婚誓約)이 아닌 혼인서약(婚姻誓約)을 하고 모든 하객과 증인은 이를 확인하고 축하한다. 이처럼 '혼인서약'을 하고 이뤄진 혼인을 굳이 결혼이라고 말하는 사람이 많다.

결혼은 맺을 결(結), 장가들 혼(婚)으로 신랑이 장가드는 것을 말한다.

혼인은 장가들 혼(婚), 시집갈 인(姻)으로 당사자인 신랑신부가 장가들고 시집가서 짝을 이루어 부부(夫婦)가 되는 것을 말한다.

혼인(婚姻)이란 말의 어원을 한 번 살펴보자. 장가든다는 뜻의 혼(婚, 女+昏)은 저녁 무렵(昏, 황혼 혼)에 여인(女)을 만나는 것이니 장가든다는 의미이고, 시집간다는 뜻의 인(姻, 女+因)은 신랑감을 구하는 데는 옛날엔 반드시 중신어미(媒氏, 매씨)가 있어야 했으므로 여자(女) 매씨로 인(因)한 남자와의 만남이란 의미로 곧 시집간다는 뜻이 된다. 그래서 우리 선조들은 예로부터 결혼이 아닌 혼인(婚姻)이라 하였으며, 예식도 해가 중천에 떠있는 낮이 아니라 해가 기울고 달이 모습을 보일 때쯤인 초저녁에 올렸던 것이니 장가들 혼(婚)이 아닌 황혼 혼(昏) 자를 써 혼례(昏禮)라 하였다.

우리나라 헌법 36조와 민법 3장, 건전가정의례정착 및 지원에 관한 법률 등 어디에도 남자가 장가간다는 뜻만 있는 결혼이란 용어는 없으며 정부의 공식문서에도 모두 혼인으로 쓰여 있다. 장가들고 시집가는 혼인을 장가든다는 뜻인 결혼으로 잘못 쓰이게 된 것은 일본식 용어와 남성 주도적 사회분위기가 어우러져 나타난 현상으로 보인다.

소위 여권 신장을 주장한다는 여성들도 유유히 '결혼'이라고 말하는 것은 황당하고 납득하기 어려운 일이다. 신부에게 '축 결혼(祝 結婚) 혹은 축 화혼(祝 華婚)'이라고 하면 장가드는 것을 축하하는 것이 되므로 맹랑한 일이거니와 말이 안 될 뿐더러 현대인의 남녀평등과 센스 있는 현대적 감각에도 적합지 않다.

축 결혼이나 축 화혼이 아닌 '경하혼인(慶賀婚姻)' 하면 신랑신부 두 사람을 함께 축하하는 것이 되니 이 얼마나 좋은가! 남자가 장가드는데 여자가 곁부터서 따라가는 부속품 같은 존재가 아니라 여자도 대등한 주인공으로 당당히 시집가도록 어휘와 용어에서부터 명실상부한 남녀평등(男女平等)이 이뤄져야 하겠다.

우리는 법치국민일 뿐만 아니라 법적 용어도 분간 못할 만큼 어리석지도 않다. 특히 국민의 언어생활을 주도하고 선도하는 언론 매체에서 먼저 결혼이란 용어를 쓰지 않아야 할 것이다. 이제 결혼예식장을 혼인예식장, 결혼상담소를 혼인상담소라 하고, 현대인의 건전 생활용어도 '혼인'으로 통일되어야 할 것이다.

신랑신부의 위치가 문제

❀ **혼례식의 주례를 하다보면** 가장 당황스러운 경우가 신랑과 신부의 위치 문제이다. 이 때문에 식장에 좀 더 일찍이 도착하여 일일이 지적하고 시정해 주고 있지만, 나중에 사진사가 기념촬영을 하면서 또 한 번 시비를 걸어온다. 주례가 맞게 고쳐서 드디어 정위치가 된 신랑신부의 위치를 보고 신랑신부의 위치가 바뀌었다고 지적하는 것이다. 잘못된 위치의 사진만 촬영하다보니 틀린 것에 익숙하여 웃지 못 할 상황이 야기되고 있다.

우리나라의 전통혼례나 가톨릭, 불교 등 종교 식의 혼례나 심지어 서양의 혼례까지도 신랑은 주례의 좌측(東)에 서고 신부는 우측(西)에 선다. 유독 우리나라의 현대 예식장에서만 잘못된 방위로 신랑신부를 세우고 있다. 그래서 오래전에 보건복지부에 건의하여 장관 명의로 시정 공문을 2회에 걸쳐 각 예식장에 안내 공지한 바 있으나 관습적인 오류는 아직 여전하다.

동서남북이라는 자연의 방위를 모르는 사람은 없다. 하지만 예절의 방위는 많이 헷갈려 한다. 예절의 방위는 자연의 동서남북과 무관하게 주례자나 선생님이 계신 곳, 강당의 주단이나 학교의 칠판이 있는 곳이 상석이며, 북쪽으로 간주하고 모든 방위는 이를 기준점으로 하여 출발한다. 그 기준점(북)의 앞이 남(南), 좌가 동(東), 우측이 서(西)가 된다는 점을 반복적으로 설명하였다. 신랑신부의 위치도 이 방위의 개념을 알면 납득하기 쉬울 것이다. 잊혀져가는 우리의 것들, 그러나 희미하게 남아있는 우리문화를 익히고 복원하는 일은 고달프나 뜻있는 일일 것이다.

방위는 가정의례나 국가 또는 기업예절에서도 적용되기 때문에 직장의 총무 팀이나 가정의 의식행사에서도 모르면 난처하다. 사장이나 대통령 또는 집안 할아버지 방에 아랫사람이 들어가면 제멋대로 앉는 것이 아니다. 윗분 상석 기준으로 앞쪽의 좌(동)편 자리가 다음 서열이고, 우(서)편 자리가 그 다음

현재 혼례의식에서 신랑과 신부의 잘못된 위치, 잘못된 관례가 계속 이어져 오고 있다(왼쪽: 잘된 사례, 오른쪽: 잘못된 사례).

서열의 좌석이 된다. 거듭 강조하지만 전통문화는 나라마다 특성이 있으나 예절의 방위와 상하석은 동서양이 거의 일치한다. 예절의 나라, 전통의 나라에서 실생활과 국제의전과도 통하는 예절이라면 꼭 기억해 둘 필요가 있을 것이다.

알다시피 남녀의 방위는 남동여서(男東女西)이다. 죽은 자와 무생물(국기 등)의 방위는 산 자와 그 반대이다. 따라서 돌아가신 조상은 남서여동(男西女東)이 된다. 신랑신부는 산 자로 당연히 남동여서이니, 주례(北)의 좌(동)가 신랑·우(서)가 신부이다. 혼주의 좌석도 이에 준한다.

죽은 자의 장례나 제례에서는 이 기본이 정확히 지켜지지만, 산 자를 위한 현대 혼례에서는 왠지 잘 안 지켜지고 있다. 경사스러운 날 주인공의 위치가 죽은 자의 방위라면 불쾌한 일이 아닐 수 없다. 21세기를 사는 현대인으로서 이런 방위를 알아두면 여러모로 편리한 경우가 많다.

전통과 현대의
혼례시간

◉ **요즘 혼례는** 주말의 점심시간에만 북새통을 이루어 날짜 잡기도 여간 힘든 일이 아니다. 그 대신 평일의 예식장은 한가하다. 혼인의 역사는 인류 탄생 이래의 전통이며, 혼례시간까지도 조상의 지혜가 살아 숨쉬고 있는 아름다운 전통이 아닐 수 없다. 전통이란 후손에게 물려줄 만한 값어치가 있고 현대에도 유용해야 한다.

혼례는 남녀가 짝을 이루어 부부가 되는 의식 절차이며, 예로부터 혼(婚)이 아닌 혼례(昏禮)라 하였다. 이는 양과 음의 만남이며, 혼례시간도 해와 달이 만나는 시간, 즉 해가 지고 달이 뜨는 황혼(黃昏)무렵에 하는 것이 전통이요 풍속이었다. 그래야 혼주나 신랑신부도 오전에 차분히 준비할 수 있고, 하루의 일손을 마친 하객도 편하고 여유로울 것이다. 이것은 또한 예식 후 첫 날밤의 시간까지도 배려된 것으로 선조들의 지혜가 엿보이기도 한다.

미국 등 서양에서도 혼례시간은 거의 예외 없이 퇴근 무렵이다. 그래야 낮 시간에 여유 있게 준비를 할 수 있다는 합리적 사고와 예식 후 이어지는 축하파티로 하루를 마음껏 즐기고 오붓한 보금자리를 맞는다는 실용적 측면이 함께 있다. 예란 합리적이고 서로 편해야 한다는 줌에서 동서양이 그 맥을 같이 한다. 모두가 여가를 즐기는 주말의 점심시간어 하는 우리의 현대 혼인 관습은 납득할 수 없다. 이것은 전통도, 하객을 위한 것은 더욱 아니며, 당사자나 혼주도 새벽같이 여기저기로 뛰어 다니게 만드는 잘못된 관행이다.

그러나 현재는 혼례시간을 따지는 것이 무의미한 것 같다. 대부분 주말과 점심시간만을 희망하기 때문에 예식장 잡기부터가 전쟁인 것이 현 실정이기 때문이다. 혼잡한 주말과 점심시간의 혼례는 근거 없는 신 풍속도이며, 하객에게 불편과 무례를 끼치는 등의 문제를 안고 있다. 요즘 주 5일 근무제로 금요일 퇴근 무렵의 혼례가 서서히 모습을 보이고 있는 것은 그나마 다행이다. 이제 금요일이 주말인 셈이니 퇴근 무렵의 혼례가 평일로 더욱 확산되어야 한다. 해질(夕), 혼 무렵이면 전통 예법에도 맞고 모두가 편하고 여유로우니 얼마나 좋은가. 예(禮)란 지켜야 할 사회적 규범이고 생활이다. 남에게 폐가 안 되고 과학적이어야 하며, 따르면 누구나 편해야 한다.

전통혼례를 치르는 모습

신혼여행 후 시집과 친정,
어디부터 가야 할까

◉ **얼마 전 절친한 친구가** 귀여운 딸을 시집보냈다. 혼수도 잘 해주고 싶었고 이것저것 걸리는 게 한두 가지가 아니라고 한다. 신혼여행 후 돌아올 날은 기다리는데 신랑의 요구로 시집에 먼저 들려 인사를 드리고 신랑과 함께 친정에 들렸다. 과연 어느 것이 맞는가! 또 아무려면 어떤가 하는 문제에 봉착한다. 신부는 어머니가 친정부터 들르라는 당부가 있었다는 것이고, 신랑은 시집을 왔으면 당연히 시집이 우선이라는 생각이다. 꿈같은 신혼여행을 마치고 돌아오는 비행기 속에서 첫 현실적 의견이 갈린 것이다.

이는 두 사람의 사랑과는 무관한 의견 대립이다. 보통은 목소리 큰 쪽이 이기는 것 같다. 부모들도 미리 명쾌하게 말해 주는 경우가 드문 실정이다. 신랑의 말대로 시집을 왔으면 시집이 우선이다. 신부가 아직 시집을 온 것이 아니라면 신부 주장이 맞아야 한다. 혼인(婚姻)이란 장가(婚, 혼)들고 시집(姻, 인)가는 것을 말한다. 신랑이 장가든다는 것은 장인(丈人)의 집에 든다는 것을 의미한다. 신랑은 신부 집에서 혼례와 첫날밤을 지내고 처가 어른께 예(禮)를 갖추며 머무는 동안이 장가든 상태이다. 그 후 신부가 며느리로서 신랑 집에 가는 것이다.

따라서 신혼여행은 신부 집에서 치를 합궁례의 변형이며, 아직 신부 집에 있는 셈이니 첫 방문은 당연히 신부 집이다. 또 신부는 여성으로 남자와 다르다. 장롱 등 큰 혼수는 앞서 신랑 집에 옮겨졌겠지만, 신부 어머니가 은밀히 챙겨 줘야할 것이 있을 수 있다. 또 친정 부모가 시집살이 할 딸에게 장차 지켜야 할 도리와 당부의 말도 있어야 하기 때문이다. 이후 신랑과 함께 시댁에 가는 것이 '시집가는 것'이다. 중국의 제도는 친영(親迎)이라 하여 처음부터 신랑 집에서 혼례식을 하므로 이런 절차가 없다. 중국의 주육례와 우리의 전통육례의 차이점이다.

폐백(幣帛)은 신부가 신혼여행에서 돌아와 시집에서 시부모와 그 친족들에게 드리는 첫 인사며 상견례 절차이다. 예식장의 즉석 폐백은 명칭만 차용한 것일 뿐 폐백이라 할 수 없다. 아직 합궁례 전으로 부부가 아니며 더욱이 신부가 시댁에 시집 온 상태가 아니다. 신 풍속인 현장 폐백을 신랑신부가 혼례를 마치고 신혼여행을 떠나기 전에 양가 부모에게 인사의 예(禮)를 드리고 간단한 다과와 함께 양가가 사돈된 정의를 나누는 친교의 장으로 한다면 오히려 뜻이 있을 것이다.

폐백 때 왜
밤과 대추를 던질까?

◉ **요즘 혼인식은** 시대의 변천에 따라 많이 변했지만 폐백(幣帛)만큼은 크게 바뀌지 않아 전통의 맥이 흐르고 있는 셈이다. 폐백은 새 며느리가 처음으로 시부모님께 인사를 드리는 의식에서 시부모에게 올리는 예물을 뜻한다.

폐백음식은 지방마다 다소 차이는 있으나 대추, 밤, 은행 등 열매가 풍성한 견과류를 주재료로 아름답게 차려진다. 이들은 대체로 자손번영, 수명장수, 부귀다남의 의미이며 육포와 닭은 시부모님을 받들고 공경한다는 의미를 지니고 있다.

밤과 대추는 폐백에 뿐만 아니라 제사에서도 빠지지 않는 조율시이(棗栗柿梨, 대추, 밤, 감·곶감, 배) 중 하나이다. 대부분 그 뜻을 잘 모르고 지내지만 그 의미와 숨어있는 뜻을 새겨보면 흥미롭다.

폐백을 드릴 때 시부모는 대추와 밤을 던져준다. 대추는 그 씨앗이 단 하나로 왕이 될 만한 훌륭한 후손이 나오라는 염원이다. 한편, 대추는 다산을 의미한다. 다른 과일도 열매가 맺긴 하지만 중간에 많이 떨어진다. 그러나 대추는 꽃이 피면 모두가 열매를 맺고 다 성숙해진다고 전한다. 폐백 대추는 혼인을 하였으니 반듯이 대를 이을 자식을 얻으라는 의미와 이처럼 많은 자손이 번성하라는 뜻이 있다.

밤은 가시송이 안에 3개의 밤톨이 있다. 여기서 3개의 밤톨은 3정승을 의미한다. 이왕 얻을 자식 3정승만큼 훌륭하기를 바라는 부모의 마음이 담겨 있다. 또한 밤톨의 각 부위에도 뜻이 있다. 밤송이의 가시는 내유외강을 상징하고, 껍질의 단단함은 살면서 닥칠 풍파에 견디라는 방어력을 말한다. 껍질 속 포근한 털은 부모의 따스한 사랑과 보호를, 속껍질의 떫은맛은 살아가면서 맛봐야 할 인생살이를 뜻한다. 속껍질까지 벗겨야 드디어 고소한 밤 맛을 볼 수 있다는 가르침이다. 그 의미도 모르고 받았던 폐백대추와 밤을 다

전통 혼례식으로 폐백을 드리는 모습

시 받고 싶다는 생각이 드는 건 지난날에 대한 아쉬움이며 나이를 먹었다는 증거일 것이다.

감과 배는 무엇일까? 감은 그 씨앗이 6개로 6조판서와 같은 자손의 바람이다. 콩 심은 데 콩 나고 팥 심은 데 팥이 나지만 감은 그 씨를 심어도 감이 달리지 않는 고염나무가 된다. 여기에 좋은 종자를 접붙여야 좋은 감이 나온다. 자식이라고 다 자식이 아니라 고염나무 접붙이 듯 자식교육을 잘 시켜야 한다는 뜻이다. 결국 자녀 교육의 중요성을 반영한 것이라 할 수 있다. 다음은 씨앗이 8개인 배의 차례이다. 누런 황금빛 배는 그 빛깔에서 부귀를 상징하며 넉넉한 배즙만큼 지혜로운 자손이 번성하고, 8도 관찰사의 반열에 오를 수 있는 총명한 자손을 갈망하는 그런 기원이 담겨 있다고 한다.

결국 폐백이든 제사음식이든 여기에는 궁극적으론 훌륭한 자손을 기대하는 어버이들의 마음과 기원이 담겨 있다고 할 수 있다. 제상까지도 음식을 차려놓고 조상의 음덕을 기른다고 정성을 드리지만 결국은 내 자식, 내 자손이 번창하고 성공하게 해 달라는 애틋한 기도인 것이다. 한 때는 산아제한이 애국이었으나 이젠 강력한 출산장려를 하는 세상이 되었다. 너나 할 것 없이 모두가 잘되는 출세 일변도의 기원보다는 더불어 살아가는 지혜와 마음이 풍성한 그런 자녀의 바람이 참 애국이며 사회적 기원일 것이다.

세계의 인사법과
우리나라의 절

⊛ 사람을 만나 인사하는 방법은 나라와 문화에 따라 각양각색이다. 만약 여행 중에 상대방이 내 얼굴에 침을 뱉는다면 황당한 일이고 크게 다투거나 경찰에 신고라도 해야 할 것이다. 하지만 그 사람이 반가움의 인사 표시로 한 것이라면 아프리카 마사이 부족의 한 사람일 것이다. 뉴질랜드의 마오리족과 폴리네시안 사람은 코를 서로 비벼대는가 하면, 에스키모족은 반갑다는 뜻으로 서로의 뺨을 치며, 티베트인은 친근감 표시로 귀를 잡아당기고 혓바닥을 길게 내민다. 라틴계와 슬라브계는 포옹과 함께 볼에 입맞춤을 한다.

태국의 전통인사인 와이(Wai, 합장)는 정중한 경의를 뜻하고, 인도인들도 두 손을 공손히 모으는 인사법을 가지고 있다. 이는 우리나라의 불교에서 행하는 합장 인사와 비슷하다. 사우디아라비아는 악수를 한 후 양쪽 뺨에 키스를 하나, 러시아는 키스를 하고 포옹을 한다. 프랑스, 이탈리아, 스페인과 다른 지중해 연안의 나라에서는 주로 양쪽 뺨에 키스(Kiss)를 하지만 연인 사이가 아니라면 형식뿐 실제로 키스는 하지 않는다. 미국인과 유럽, 아프리카는 악수가 전통적인 인사법이다. 중남미는 악수할 때 여성의 손등에 입 맞추는 경우가 적지 않다.

서양에서는 악수나 포옹, 볼 키스 등이 일반적이며, 악수(Handshake)는 이제 나라와 문화를 초월하여 세계가 일반적으로 통용하는 인사법이 되었다. 악수의 매너는 다양하나 간단한 기본 특징만을 살펴보면,

① 지위가 높은 사람, 연장자가 먼저 악수를 청하는 것이 일반적이다.
② 악수를 하면서 절은 하지 않는다.
③ 상대방이 아무리 지위가 높아도 두 손으로 상대의 손을 잡지 않는다.
④ 남성과 여성의 경우에는 여성이 손을 먼저 내민다.
⑤ 일어서서 장갑은 벗어야 하며 여성이 정장에 긴 장갑일 때는 안 벗어도 된다.

이처럼 세계의 인사법은 각기 문화와 전통에 따라 다양하다. 원시시대에서 현대에 이르기까지 이질적 문화는 공존하고 서로 마찰하고 충돌하며 합리적인 새로운 문화를 만들어 낸다. 세계화 시대라고 자기의 고유 전통을 버리고 남의 것만 추종한다면 그 민족은 이미 멸망한 셈이다. 마사이족이 침 뱉는 문화를 전혀 모르고 남의 키스하는 인사법만 안다면 더 웃음거리일 것이다. 전통 있는 문화민족은 내 것을 알고 보존하는 법이며 더욱이 아름다운 선조의 슬기와 전통이라면 가꿔야 긍지 있는 민족으로 대우받게 될 것이다.

우리나라의 인사법은 절이다. 우리는 본래 좌식문화로 길거리가 아니라면 앉아서 드리는 것이 우리의 고유 인사예절이다. 길이나 복도라면 바른 공수와 허리를 굽히는 경례로 되지만, 오랜만의 어른에게는 절할 여건이 조성되면 다시 앉아서 절을 올려야 한다. 좀 전의 경례는 임시인 셈이며 절이 정식예의이기 때문이다. 절은 우리의 일상 예절이니 명절이나 큰일 때만의 것으로 착각하지 않는 자랑스러운 한국인이어야 하겠다.

악수하는 모습
악수는 세계에서 통용되는 인사법이 되었다.

악수의 유래

악수는 손에 무기가 없다는 것을 알리기 위한 것에서 시작되었다고 한다. 중세시대 기사들은 칼을 왼쪽 허리에 차고 있다가 오른손으로 뽑아 싸우는 것이 일반적이었다. 그래서 낯선 사람을 만나면 적이라고 의심해 칼에 오른손을 대고 경계하며 다가가고, 만약 싸울 의사가 없으면 칼을 사용하는 오른손을 내밀어 상대방과 손을 맞잡았다고 한다.

열중쉬어는 일본 것,
공수 자세는 우리 것

🏵 국어사전에서 공수(拱手)의 뜻풀이를 보면, '어른에게 공경의 뜻을 나타내기 위하여 왼손을 위에 오른손을 밑에 마주 잡음'으로 되어 있다. 공수란 어른 앞이나 의식 행사에 참석했을 때 취하는 공손한 우리의 자세로서 손을 맞잡는 것을 말한다. 전통인사인 절의 예절은 모두 이 공수로부터 시작된다.

공수의 기본 동작은 두 손의 손가락을 가지런히 편 다음, 앞으로 모아 포개는 것이다. 엄지손가락은 엇갈려 깍지 끼고 식지 이하 네 손가락은 살며시 포개는 것이며, 평상시에 남자는 왼손을 위로 가게, 여자는 오른손을 위로 가게 포개는 것이다.

8.15 해방 이후 우리나라의 공손한 자세는 '열중쉬어'로 되어 있다. 선생님의 말씀을 들으려면 어김없이 열중쉬어를 취해야 하였고, 학생뿐만 아니라 군인이나 경찰관도 상급자 앞에서의 공손한 자세는 열중쉬어이므로 일상 사회생활에서도 당연하게 그리 행하는 것으로 되어 있다. 열중쉬어는 뒷짐

지는 자세로 우리의 전통예절에서는 공손한 자세가 아니며 우리나라의 정서에도 맞지 않다. 이는 일제가 우리의 민족혼과 정체성, 고유 전통문화를 단절한데다 해방 후 미군정으로 군의 훈련방법과 예법이 자연스레 학교 교육에까지 미쳤기 때문에 일어난 현상이다.

우리나라 사람들의 공손한 자세는 뒷짐이 아니라 두 손을 앞으로 얌전히 모아 잡는 공수이다. 옛 문헌에는 이를 차수(叉手)라고도 하였다. 남자는 왼손이 여자는 오른손이 위로 오게 잡는다. 손의 위치가 더러 기억하기 어렵다면, 단추 낀 옷의 겹친 모습을 연상하면 쉬울 것이다. 남자의 옷은 왼쪽이 여자의 옷은 오른쪽이 다른 편 자락을 덥고 있다. 상가방문 등 흉사 시에는 남녀가 각기 평상시와 반대로 공수한다. 남자는 오른손이 여자는 왼손이 위로 오면 된다.

옛날의 도포나 활옷 등 소매가 넓은 예복을 입을 때는 공수한 손이 수평이 되게 올리는 법이지만, 지금의 양복 등 평상복일 때는 공수한 손의 엄지가 배꼽 부위에 닿게 편하게 내리면 된다.

앉을 때의 공수법은 두 손을 남자는 중앙에 여자는 오른쪽 다리 위에 놓는다. 명절 때나 차례를 지내고, 산소에 성묘를 할 때나 집안의 어른과 조상에게 절을 올릴 때도 보이지 않는 엄격한 법도가 손을 잡는 공수법이다. 이처럼 우리의 전통사상에는 오묘한 원리가 숨어 있으며 예법에서도 마찬가지이다.

공수법의 원리를 한 번 살펴보자.

우리는 삼라만상을 음양으로 보며 하늘과 땅, 해와 달, 낮과 밤, 남자와 여자, 동과 서, 좌측과 우측, 홀수와 짝수 등을 각각 '양과 음'으로 구분한다. 즉 하늘·남자·동·좌는 양이며, 땅·여자·서·우는 음으로 본다. 그래서 남동여서(男東女西) 또는 남좌여우(男左女右)라고 말한다. 공수도 음양의 원리에 따라 남자는 양(하늘·동·좌)이니 왼손을 위로, 여성은 음(땅·서·우)이니 오른 손을 위로 하는 것이다. 이제 열중쉬어가 아닌 우리의 전통문화인 공수를 익히고 복원하여 당당한 문화민족으로의 정체성을 되찾으면 좋겠다.

남자의 절과
여자의 절은 다르다

◉ **절은 상대편에** 공경을 나타내는 기초적인 기본 행동 예절이다. 지구상의 전통 있는 민족이면 절하는 예법이 당연히 전래되어야 하나 우리는 일제의 불행한 과거와 해방 후 미군정의 군사예법의 영향으로 차렷, 열중쉬어가 우리 것으로 착각되어 왔다. 우리의 전통 배례법의 요점을 살펴보면 ① 절하는 대상에 따라 큰절, 평절, 반절로 나뉘고 ② 남녀에 따라 절의 형식이 다르며 ③ 절의 횟수 ④ 절을 하고 받는 예절 등이 다양하다. 여기에서는 절의 요령 위주로 설명하기로 하자.

우선 남자의 절하는 모습으로 종종 보게 되는, 두 손을 벌리고 엉덩이를 쳐든 자세는 잘못된 것이다. 공수한 두 손을 겹친 채 엎드려 엉덩이를 뒤꿈치에 앉아 이마를 공수한 손등에 대는 자세라야 한다. 순서를 보면 ① 공수하고 반듯이 서서 ② 엎드리며 공수한 손을 포갠 채 바닥에 짚고 ③ 왼 무릎을 먼저 꿇고 ④ 오른 무릎을 왼 무릎과 가지런히 꿇는다. ⑤ 왼발을 아래로 포개고 뒤꿈치에 엉덩이를 깊이 대고 앉아 ⑥ 팔꿈치를 바닥에 붙이며 이마를 손등에 대는 것이다. 일어날 때는 반대의 순서로 하면 된다.

　큰절은 답배를 하지 않을 높은 어른이나 혼례 등 의식행사에 하는 것이며, 동작은 위와 같으나 이마를 손등에 잠시 머물러 있다가 일어나면 된다. 평절은 답배를 할 어른이나 서로 맞절을 해야 할 때 하며, 요령은 큰절과 같지만 이마가 손등에 머물지 않고 바로 일어난다. 반절은 웃어른이 아랫사람의 절에 답배할 때 하는 것으로 이마를 공수한 손등에 대지 않고 엉덩이에서 머리까지 수평이 되게만 가볍게 굽혔다가 일어나면 된다. 임금께 하는 고두배가 있었으나 이제 이것은 옛것이 되었다.

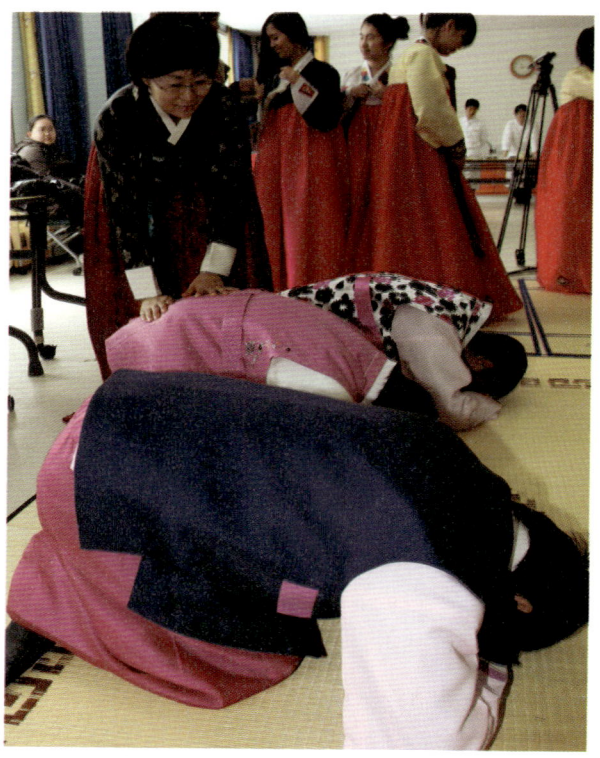

성균관대 어학당에서 외국인들에게 절하는 법을 가르치고 있다.

여자의 절도 큰절, 평절, 반절로 나뉜다. 다만, 여자의 경우 큰절과 평절의 기본 동작이 다르다. 큰절의 요령은 ① 공수한 손을 어깨 높이로 올리고 ② 고개를 숙여 이마를 손등에 대며 ③ 왼 무릎을 먼저 꿇고 ④ 오른 무릎을 왼 무릎과 가지런히 꿇는다. ⑤ 오른발을 아래로 포개고 뒤꿈치를 벌리며 깊이 앉아 ⑥ 상체를 반·45도쯤 앞으로 굽힌다. 일어날 때는 ① 상체를 일으키고 ② 오른 무릎을 세우며 ③ 일어나서 두 발을 모으고 ④ 수평으로 올렸던 공수한 손을 내리면 된다.

평절은 ① 공수한 손을 풀어 양옆으로 내리고 ② 왼 무릎을 먼저 꿇고 ③ 오른 무릎을 왼 무릎과 가지런히 꿇는다. ④ 오른발을 아래로 포개고 뒤꿈치를 벌리며 깊이 앉아 ⑤ 손가락을 가지런히 모아 끝이 밖을 향하게 무릎과 가지런히 바닥에 대고 ⑥ 상체를 반·45도쯤 앞으로 굽힌다.

일어날 때는 ① 상체를 일으키며 손바닥을 바닥에서 뗀 후 ② 오른 무릎을 세우며 손끝을 바닥에서 뗀다. ③ 일어나서 두 발을 모으고 ④ 공수한 원자세를 취한다. 여자의 반절은 평절을 약식으로 하며, 답배할 대상이 많이 낮으면 앉은 채로 두 손으로 바닥을 집는 것으로 대신하기도 한다.

상황에 따라
절도 달리해야 한다

◉ **절은 인사의 기본이며** 공경의 뜻을 행동으로 보이는 것이기도 하다. 설날 아침에 세배를 할 때 전통예절을 몰라 군대식 차렷 자세로 '충성' 하고 경례를 붙인다면 참으로 어이없을 것이다. 그러면 합당한 우리의 인사법은 있는가?

큰절과 평절, 반절 등에 대한 설명은 앞에서 잠시 언급했지만 그 대상, 시기, 회수, 순서 및 산 자와 죽은 자의 경우 등 궁금한 점이 많을 것이다. 서양의 복장도 캐주얼과 정장을 해야 하는 경우가 다르듯이 예의도 상황에 맞아야 한다. 주말 등산에 넥타이 차림은 어색한 일이며, 의식행사에 등산화 차림은 더욱 난처한 일이다.

큰절은 내가 절을 해도 답배(답례)를 하지 않을 웃어른에게 하는 것이다. 대상은 부모 등 직계존속·배우자의 직계존속·8촌 이내의 연장존속이며, 혼례나 제례 등의 의식행사 때 한다.

평절은 내가 절을 하면 맞절을 하게 되는 어른이거나 같은 또래 사이에서 한다. 대상은 선생님이거나 연장자·상급자·배우자·형님·누님·형수·시숙·시누이·올케·제수 또는 같은 또래나 친족이 아닌 15년 이내의 연하 등이다.

반절은 웃어른이 아랫사람의 절에 답례하는 간략한 절이다. 제자나 친구의 자녀·자녀의 친구·남녀동생 또는 8촌 이내의 10년 이내 연장비속과 친족이 아닌 16년 이상의 연하자 등이 대상이다.

절은 우리의 고유문화이며, 지금도 일부 가정에서는 물론, 수연례·혼례 또는 상가에서 흔히 보게 된다. 절의 기본 횟수는 남자 1배·여자 2배이다. 의식 행사에서는 겹배라 해서 기본 횟수의 배(남자 2배·여자 4배)를 하기 때문에 여러 번 하는 광경을 볼 수 있다.

평상시 산 사람에게 절은 보통 한 번만 한다. 사계의 〈가례집람(家禮輯覽)〉을 보면 어른에게는 2배한다고 되어 있으나 대상의 어른이 횟수를 줄이라고 명하면 따라야 한다. 이것이 관습화되어 산 사람에게는 절의 기본 횟수(남1·여2)를 하게 되었고 최근에는 남녀 구별 없이 한 번만 하는 경우도 많다. 죽은 자는 말이 없으니 예법대로 겹배를 해야 한다.

가례 집람(家禮 輯覽)
우리나라의 예절에 대해 집대성해 놓은 것으로, 1599년(선조 32) 사계 김장생이 한국인의 전통예절을 11권 6책으로 구성한 책이다.

절하는 순서는 웃어른이 여럿일 때는 직계 존속부터 하고, 같은 위계와 서열의 남녀 어른이라면 남자부터 하며, 친척과 친척이 아닌 어른이 함께 있을 때는 친척 어른에게 먼저 한다.

최근 대기업의 입사시험에서 필기 대신 면접 태도와 예의범절에서 등락이 갈리는 경우가 예상외로 많다고 한다. 이는 실천하지 않는 예절은 오히려 부담일 수 있으며, 예절은 실천할 때만이 큰 힘이 되어 줄 수 있음을 보여주는 단적인 예라 하겠다.

요즘의 절은 입식생활에 양복을 입기 때문에 서양의 절인 경례로 대신하는 경우가 많다. 우리나라의 절이 공경의 대상에 따라 큰절, 평절, 반절이 있듯이 서양의 경례에도 큰경례, 평경례, 반경례가 있다.

큰경례는 우리가 큰절을 해야 할 어른에게 윗몸을 45도 굽혀 공손하게 머물러 있다가 일어나면 된다. 평경례는 우리의 평절로 서로가 인사를 나눠야 할 사이에 30도로, 반경례는 우리의 반절로 인사를 받아야 될 입장이지만 예우상 답례를 해야 할 때 15도로 한다. 특별히 신랑신부의 맞절, 상가나 추모식 등 의식행사의 경례는 윗몸을 90도로 굽혀야 한다.

절을 하는 것도 예절이나 절을 받는 예절도 중요하다. 절을 받는 어른이 절을 받을 자세가 안 되었다거나 절하는 사람에게 상응한 답배를 안 하면 오히려 무례하다. 절을 할 아랫사람을 만나면 편하게 할 수 있도록 받을 자세를 취해야 한다. 친척관계가 아닌 아랫사람의 절에는 상대가 미성년이 아니면 반드시 상응한 답배를 해야 한다. 미성년에게는 답배하지 않고 칭찬을 겸한 인사말을 하는 것이다. 꼭 절을 해야 할 아랫사람에게 절하지 말라는 사양이 지나치면 오히려 실례가 된다.

글로벌시대의
국제매너

◉ **매너(manner)의 사전적 의미는** 방법, 방식, 태도'이며 또한 '예의범절'을 말한다. 결국 매너는 상대방에게 폐를 끼치지 않고 편하게 대하는 것을 뜻한다. 에티켓(Etiquette)과 매너의 차이는 에티켓이 사람들 사이의 합리적 행동기준이라면 이러한 기준을 바탕으로 행동하는 것이 매너이다. 이러한 예(禮)사상은 서양보다 동양에서 앞서 발달하였다. 2,500년 전에 공자는 〈예기(禮記)〉에서 '사람을 바로 하는 법 가운데 예보다 필요한 것은 없다'고 이미 가르쳐 왔다.

세계가 글로벌시대화 하면서 통합적인 국제매너가 형성되어가고 있다지만 지역마다의 특성은 여전하여 서로 다른 문화와 전통을 이해하고 존중하는 일은 중요하다. 외국과 교류가 없던 시절이라면 외국의 문화를 몰라도 불편하지 않을 것이나, 지구촌 글로벌시대에는 타문화와 국제매너를 모르면 난감할 것이다. 우선 우리가 입는 양복부터 서양의 옷으로 현대인의 복장예절은 당연히 서양의 에티켓이고, 당장 양식을 먹으려면 역시 서양의 식탁매너를 알아야 한다. 따라서 국제매너는 전문가의 전유물이 아닌 구성원이 지켜야 할 상식이 되었다.

　노무현 전 대통령이 두바이를 방문하여 현지 상공회의소 초청 오찬연설을 한 일이 있다.

　"비행기를 타고 오면서 끝없는 사막을 보고 신(神)의 축복이 비켜간 자리가 아닌가 생각했다. 그러나 몇 시간 지나 저의 짐작이 틀렸음을 확인했다. 신은 이 나라에 석유를 주셨고."

　대통령은 그분의 특유한 입담과 극적인 표현으로 덕담을 하려고 한 것이지만, 한국인 주재원들은 가슴을 쓸어내렸다고 한다. 이슬람 국가에서 '신'이란 '알라'를 말하는 것으로 매우 조심스러운 단어며, 특히 '신의 축복이 비켜간'이란 표현은 오해의 소지가 크다는 것이다. 현지에 진출한 한 기업인도 '알라'를 함부로 언급하면 안 된다면서 당시를 회고하는 후일담을 남겼다.

　외국의 양식당에서 김치와 고추장, 소주를 가져가 큰 소리로 '건배'를 한다면 어디서든 환영받지 못하며, 돼지고기를 금하는 이슬람 국가인 터키 비즈니스맨을 한국식당에 초대하여 돼지고기를 권한다면 그 비즈니스는 실패일 것이다. 국제매너는 그 자체를 지키는 일도 중요하나 자칫 '일'을 망칠 수 있다는 것이 더 문제이다. 요즈음 외국인 바이어와 상담을 하다가 잘 안 된다고 갑자기 한국말로 욕하는 사례가 있다고 한다. 외국인이 모를까? 설령 몰라도 매너가 아니며 몸짓과 표정만으로도 눈치 챌 수 있다. 한국어에 능통한 주한 유엔군사령부 출신의 한 바이어에게 그것도 모르고 상사원끼리 불평을 하다가 중요한 비즈니스를 망친 사례도 있다.

　외모나 복장으로 판단해서도 안 된다. 인도네시아에서는 더운 날씨 탓에 공식 행사라도 정장 대신 전통적인 바틱(Batik) 셔츠를 많이 착용한다. 그런데 이들은 대체로 체격이 왜소하고 피부는 햇빛에 그을려 정장을 안 하면 다소 초라해 보인다. 그래서 어떤 상사원이 그런 겉모습만 보고 박대를 했다가, 이 바이어가 운전기사를 두고 벤츠 S600을 타고 떠나는 모습을 보고나서야 붙잡으려고 했지만 사태는 끝난 뒤였다고 한다.

외국인이 오해할 만한 한국인의 습관을 살펴 보자. ① 한국인은 어른의 눈을 똑바로 안 보는 것이 예의이나, 서양에서는 상대방의 눈을 똑바로 안 보면 존경심이 없고 정직하지 못한 것으로 본다. ② 한국인은 상대방의 주의를 끌기 위해 옷자락을 잡아끄는 경우가 있으나, 서양인은 자신만의 영역을 침해하는 무례한 행동으로 본다. ③ 한국여성들은 동성 간에 손을 잡는 것이 친밀감의 표현이나, 외국인에게는 동성연애자로 오해할 수 있다. ④ 한국인은 흔히 자신이 마시던 술잔을 상대방에게 권하나, 외국인은 비위생적인 행동으로 본다.

반대로 우리가 오해할 외국인의 습관을 보자. ① 서양인이 상대방의 주목을 끌기 위해 둘째손가락으로 사람을 가리키는 것은 흔한 행동이나, 우리에게는 불쾌하고 무례한 느낌을 준다. ② 서양인은 식사 중에도 코를 푸는 것이 평범한 일이나, 우리에게는 불결한 느낌을 주고 실례로 본다. ③ 서양인은 친숙하기 위하여 서로 이름을 불러주길 바라나, 우리에게는 연장자의 이름을 함부로 부르는 것은 무례이다. ④ 서양인은 어른에게도 한 손으로 물건을 주고받지만, 우리는 두 손으로 주고받는 것이 예의범절이다. ⑤ 서양인은 사람 이름을 빨간색으로 써도 문제가 아니나, 우리는 산 사람의 이름을 빨간색으로 쓰면 싫어한다.

세계적인 예절의 나라 '동방예의지국'으로 불리는 우리는 글로벌시대의 예의문화에 더욱 적응해야 할 것이다.

광고 - 100만 원에 팔려간 아버지

어느 날 신문광고에 아버지를 판다는 내용이 실려 있었다. 그 광고에는 아버지는 지금 노령이고 몸이 편치 않아서 일금 백만 원이면 아버지를 팔겠다고 적혀 있었다. 많은 사람들은 이 광고를 바라보고 혀를 끌끌차며 세상이 말세라고 하기도 하고, 또 다 늙은 할아버지를 누가 사겠냐며 숙덕거렸다.

이 광고를 보고 부모 없는 설움을 지녔던 한 부부가 새벽같이 달려갔다.

대문 앞에서 몸매를 가다듬은 부부는 심호흡을 머금고 초인종을 눌렀다. 넓은 정원에서 꽃밭에 물을 주고 있던 할아버지가 대문을 열고서는 어떻게 왔느냐고 물었다. 부부는 할아버지를 바라보면서 신문광고를 보고 달려왔다고 말씀을 드리자 할아버지가 웃음을 지으며 집 안으로 안내를 한다. 그곳은 아주 큰 부잣집이었다.

"아버지를 파시겠다는 광고를 보고 왔습니다."

젊은 부부는 또박또박 뚜렷하게 이야기를 한다. 할아버지는 빙긋 웃음을 지으시더니

"내가 잘 아는 할아버지인데 그 할아버지는 늙고 몸이 좋지 않아요. 그런 할아버지를 왜 사려고……."

젊은 부부는 내외 모두가 어릴 때 부모를 여의고 고아처럼 살다 결혼했기 때문에 부모 없는 설움이 늘 가슴에 남아 있었다는 것이다. 그러면서 아프거나 집안이 어렵지 않은 가정이라면 누가 아버지를 팔겠다고 광고를 내겠느냐고, 비록 넉넉하지는 않지만 작은 가운데서도 아기자기하게 살아가고 있는 우리 부부에게도 아버지를 모실 수 있는 기회가 왔다 싶어서 달려왔다는 것이다.

이들 부부를 물끄러미 바라보던 할아버지가 고개를 끄덕이며 돈을 달라고 한다. 젊은 부부는 정성스럽게 담은 흰 봉투 하나를 내어놓는다. 할아버지는 돈 봉투를 받아들고 나서 그 할아버지도 정리할 것이 있어서 그러니 일주일 후에 다시 오라고 하였다.

일주일 후 젊은 부부는 다시금 그 집을 찾았다. 기다리고 있던 할아버지가 반갑게 맞이하면서 "어서 오게나, 나의 아들과 며느리야" 하시며 "사실 내가 너희에게 팔렸으니 응당 내가 너희를 따라가야 하겠지만 너희가 이 집으로 식구를 데려 오는 것이 좋겠다"고 하셨다. 이어서 할아버지는 "양자는 얼마든지 데려올 수 있지만 요즘 젊은이들이 돈만 알기 때문에 그럴 수 없었다"는 할아버지의 이야기에 두 부부는 눈물을 지었다. 젊은 부부는 "저희에게 팔리셨으니 저희를 따라 가셔야지요, 비록 저희들은 넉넉하지는 않지간 그곳에는 사랑이 있답니다"라고 고집했다.

할아버지는 진정 흐뭇한 마음으로 "너희는 참으로 착한 사람들이다. 너희가 부모를 섬기러 왔으니 진정 내 아들이다. 그러하니 내가 가진 모든 것은 곧 너희 것이며 너희는 나로 인해 남부럽지 않게 살게 될 것이다. 이것은 너희가 가진 아름다운 마음 때문에 복을 얻은 것이다"라고 하시고는 아들 내외의 큰 절을 받았다. 그리고 백만 원에 팔린 아버지는 행복한 마음으로 새 자식들의 사랑이 가득한 집으로 갔다.

Cultural Heritage
Korea

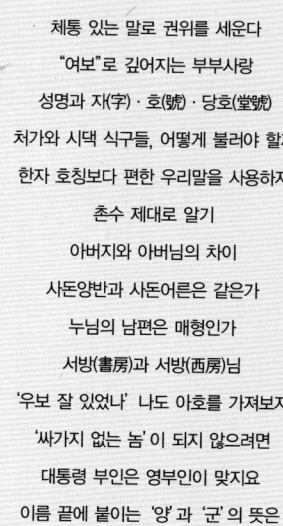

- 체통 있는 말로 권위를 세운다
- "여보"로 깊어지는 부부사랑
- 성명과 자(字)·호(號)·당호(堂號)
- 처가와 시댁 식구들, 어떻게 불러야 할까
- 한자 호칭보다 편한 우리말을 사용하자
- 촌수 제대로 알기
- 아버지와 아버님의 차이
- 사돈양반과 사돈어른은 같은가
- 누님의 남편은 매형인가
- 서방(書房)과 서방(西房)님
- '우보 잘 있었나' 나도 아호를 가져보자
- '싸가지 없는 놈'이 되지 않으려면
- 대통령 부인은 영부인이 맞지요
- 이름 끝에 붙이는 '양'과 '군'의 뜻은

Korea filial duty
seasonal customs
Cultural Heritage manners

3장

품격을 높이는
인사와 호칭 문화

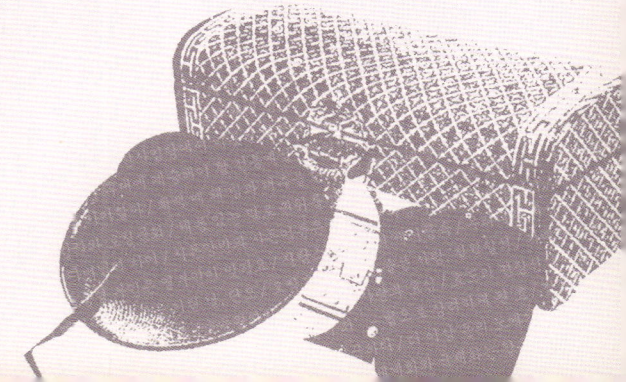

체통 있는 말로
권위를 세운다

🏵 **사회생활의 시작은** 만남에서부터이고 우선 인사와 인사말이 수반된다. 인사의 형식과 태도는 친구인가 스승인가 혹은 웃어른인가 아랫사람인가에 따라 달라지고, 가깝고 먼 사이에 따라 달라질 것이다. 가족 간의 기초 예절도 말씨와 절이 기본이다.

말씨는 세대와 위계에 따라 달라지며 윗세대이고 나이가 많으면 높은 말씨 (하시오)를 쓰며, 아래 세대로 나이도 어리다면 당연히 낮춘 말씨(해라)를 쓸 것이다. 같은 세대라면 보통 말씨(자네, 하게 등)를 쓰며 더러는 반 낮춘 말씨(이봐, 해 등)로 말하기도 한다.

하지만 말씨는 위계와 세대만으로 따지지 못하는 경우가 있다. 우선 세대와 나이가 상충될 때, 즉 아래 세대인데 반대로 나이가 많은 경우는 또 달라진다. 조카라도 자기보다 나이가 위라면 '해라' 보다는 보통 말씨(하게, 여보게, 자네)를 쓰는 것이 좋다.

다음은 근친인가 아닌가에 따라서 달라진다. 8촌 이내의 근친은 기본예절이면 되나 8촌이 넘으면 한 단계쯤 말씨를 높여 예를 갖춰야 한다. 8촌 이내는 낮춘 말씨(해라)로 말하더라도, 8촌이 넘는 좀 먼 친척은 세대 혹은 나이가 어려도 '해라'가 아닌 보통 말씨(하게)를 쓰는 것이 좋다.

한편, 부모(父母)는 아들이나 며느리에게 '해라'의 낮춘 말씨를 쓴다. 다만, 아들은 친부모를 아버지·어머니라고 보통 말씨를 쓰고, 며느리는 시부모를 아버님·어머님으로 높임 말씨를 쓰도록 한 것은 좀 이상할 수 있다. 이는 부모와 친자 간은 예(禮)보다 친(親)을 더 중시함을 의미하며, 며느리가 시부모를 아버님·어머님으로 높임 말씨를 쓰도록 한 것은 혼인으로 맺어진 사이로 친(親)보다 예(禮)를 더 중시하는 뜻이 담겨 있다.

혼인으로 맺어진 시집온 며느리와 시댁 가족 간의 말씨는 아랫사람이라도 높인 말씨를 사용한다. 형이 제수에게 말할 때, 남편의 동생인 시동생이나 시누이에게 말할 때, 아내의 동생인 처제나 아내의 손아래 올케인 작은처남댁에 말할 때도 그러하다.

또 세대나 나이로 보아도 분명히 웃어른이지만 아랫사람에게 낮춘 말씨(해라)가 아닌 보통 말씨(하게)를 쓰는 경우가 있다. 이는 백년손님이라는 사위에게 장모가 말할 때 또는 혼인으로 맺어진 인척이나 처가 사돈댁 등 세대나 나이보다 예를 챙겨야할 때 등이다. 누이나 시누이의 며느리인 생질부에게 말할 때, 아내의 친정 처질부에 말할 때, 이모나 고모의 손부에게 말할 때, 손아래 처남에게 말할 때도 그러하다.

자기 집안의 큰조카나 질부라도 나이가 들고 사회적 지위로 대접받는 위치가 되면 보통 말씨로 높여 말한다. 이름이나 '야'가 아닌 '여보게', '동생', '아우'라고 점잖게 부른다. 특히 시집간 누님이 친정의 나이든 동생에게 말할 때 정중히 대하는 것은 우리의 미풍이기도 하다. 동생의 아랫사람들 면전에서 '야, 너 건강은 어떠냐?' 하는 것보다는 '여보게 동생, 요새 기운은 좋으신가?' 라고 하는 것이 체통 있는 풍모일 것이다.

"여보"로 깊어지는
부부사랑

❇ **어느 나라의 말이나** 고유한 민족성과 문화가 숨어있다. 문화민족의 언어는 시대에 따라 아름답지 변천해 가지만, 주체성이 약한 민족일수록 특성 없는 말들의 유행으로 정체성이 흔들리고 새것만 쫓는 경향이 크다. 부부 간의 호칭만 하더라도 '여보'와 '당신'처럼 우리의 전통적이고 정감 있는 애칭을 뒤로하고, 여름철 바이러스처럼 엉뚱하게 '자기'와 '오빠'가 유행하는가 하면, 심지어 '아빠'와 같은 용어까지 난무해 듣는 이들을 놀라게 하고 있다. 우리 고유의 아름답고 예의바른 말과 호칭들이 보호는커녕 특별한 이유도 없이 하나둘 사라져가고, 근원을 알 수 없는 말들이 난무하니 안타깝기 그지없다.

자기의 사전적 의미는 '그 사람 자신'이란 말로 '나', '제몸'을 뜻하며, 서로 별개인 개체이다. '자기야'는 '너'라는 뉘앙스로 존중의 맛이 없다. 요즘 부부는 서로 '너, 나' 하며 지내는 경향으로, 얼핏 친구처럼 다정하게 보이는 듯하나, 가까울수록 예의가 더욱 필요하다. '오빠'는 연애시절에 오빠처럼 가깝게 부르던 습관일 터이고, 아빠는 '아기 아빠'란 의미도 지니지만, 실상은 1960년대 말에 유흥주점의 젊은 여자들이 아빠뻘 되는 나이 지긋한 남자 손님을 애교로 부른 데서 유래한 것이다.

요즘 유행인 연상의 아내를 남편이 '누나', '엄마'로 칭해도 좋을까? 이런 호칭 덕분에 외국인들이 한국에는 '근친혼'이 많은 것으로 안다는 우스갯소리가 있다. 말은 인격의 표현이다. 더욱 혈육이 아닌 남남인 남편을 오빠. 아빠로 표현해서는 안 된다.

여보와 당신은 우리나라의 전통적인 부부 간 호칭이다. 국어사전을 찾아보면 그냥 '부부 사이에 서로 상대편을 높여 부르는 호칭' 정도로 풀이되어 있다.

본래 부부는 호칭이 없어도 통했을 것이다. 부부란 일심동체, 즉 '한마음 한몸'이기 때문에 설령 부르는 말이 따로 없더라도, 단지 이쪽에서 부른다는 뜻만 알면 되니까 '여기 좀 보셔요', '여기 좀 보오' 뭐 이런 식의 말로서도 충분했을 것이다. 그러다 보니 자연스럽게 오늘날 사용하는 '여보'라는 아름다운 말이 탄생했고, 여기에는 은근한 존중의 뜻이 비친다. 또한 '당신(當身)'이라는 말은 마땅할 당(當) 자와 몸 신(身) 자로 '바로 내 몸과 같다'는 뜻이니, 진정으로 사랑하는 사람들이라면 누가 시키지 않아도 서로가 서로를 한 번쯤 불러보고 싶은 표현이다. 얼마나 근사한 부부 간의 멋진 호칭인가?

한편, 어원의 정설은 아니나 '여보'를 한자 '여보(如寶)'로 풀이하는 해석이 있다. 같을 여(如)자와 보배 보(寶), 즉 '보배와 같다'는 뜻이니, 보배처럼 소중하고 귀중한 사람을 부를 때 쓰는 말이라는 주장이다. 또한 당신(當身)도 앞의 풀이처럼 마땅할 당(當) 자와 몸 신(身) 자로 언뜻 떨어져 있는 것 같지만 '바로 내 몸과 같다'는 의미이니, 어원의 정설 여부와 관계없이 따지는 것을 싫어하는 현대인들의 감각에도 걸 맞는 호칭이다.

세월이 흘러, 지금은 여보 당신이 뒤죽박죽이 되었고, 아내를 보배와 같이 여기지도, 남편을 내 몸처럼 생각지도 않는 것 같다.

이제, 싸울 때 맞상대하려는 사이쯤으로 들리는 '자기야' 대신 소중한 의미를 새기면서 서로를 존중하고 아끼는 뜻으로 '여보'와 '당신'이란 멋스러운 고운 우리말이 쓰이면 좋겠다.

예로부터 전통 있는 양반 가정에서는 부부 간에도 존대어를 써왔다. 최근 우리나라 이혼율의 급상승에 '자기야' 같은 하급호칭의 사용과 심지어 남편을 '오빠'나 '아빠'로 부르는 잘못된 사조가 한 몫을 한다 해도 과언이 아닐 것이다.

'여보', '당신'이 '자기야'로 바뀌게 된 것은 무심히 받아들여지는 TV 연속극의 잘못된 영향도 있으리라고 본다. 또한 시대에 따라 새 말이 생성되고 소멸되기도 하는 등 말에도 역사성이 있음을 인정하지만, 아무 이유 없이 아름답고 의미도 고운, 우리의 말들이 유행이란 혼돈 속에 함몰되어가는 풍조와 세태는 곤란하다.

성명과 자(字)·호(號)·당호(堂號)

◉ **누구나 태어나면 이름을 지어** 부르게 된다. 옛날에는 아기의 사망률이 높아서 생후 백 일을 중요시하였고 백 일(百日) 잔치쯤 되어야 할아버지가 이름을 지어 주셨다. 이렇게 지어지는 이름이 성명이며 옛날에는 이를 관명(官名)이라 하였다. 이를 호적명 또는 족보명이라고도 하며 사회활동에서 자기를 대표하는 공식적인 이름이 된다.

우리나라의 이름은 성과 이름을 합하여 보통 3글자로 구성되는데 성(姓)은 아버지의 것이고, 나머지 2자 중 1자는 대개 성씨에 따라 정해진 항렬(行列)자를 따르므로 그 사람의 고유이름은 1자인 셈이다. 항렬자를 쓰는 것이 우리나라 이름의 특수한 부분이며 그로 인하여 어느 성씨의 몇 세(世) 자손인지 알 수 있고 어떤 경우는 어느 성씨의 어느 파에 속하는지를 구분할 수도 있다.

우리 선조들은 사람의 육신은 유한하나 그 이름은 영원한 것이므로 자랑스러운 이름을 위하여 평생의 삶을 조신하고 명예를 존중토록 하였다. 특히 부모님이 지어 주신 이름을 존귀하게 여겨 함부로 부르는 것을 무례한 것으로 여겼다.

인생의 네 가지 예(禮) 중 관혼상제(冠婚喪祭)가 있다. 관례(冠禮, 성인례)는 성년이 되면 첫 번째의 통과의례이며 오늘의 성년식에 해당한다. 자(字)는 성인이 되면 관례를 통하여 성인으로 인정(책임과 의무)하는 의식과 함께 자를 받아 부르게 하였다. 이는 어른이 되었다는 증거이고 성인대접의 시작이기도 하였으나, 근대에 관례의 풍습이 사라지면서 자(字)는 소멸되었고 지금은 족보나 고문서 등에서나 볼 수 있다.

호(號)는 사람의 사회활동이 활발하거나 유명해져서 아래 사람이나 여러 사람이 그 이름을 부르지 않을 수 없게 되면 이름 대신 '남자는 정호(正號), 여자는 당호(堂號)' 라 하여 따로 별명을 지어서 누구나 부담 없이 부를 수 있게 한 것이다.

자기 취향이나 지연, 학연 등을 고려하여 스스로 짓거나 친지가 지어 주었는데, 이것을 정호(亭號, 아호 또는 호라고도 함)라고 한다. 퇴계, 율곡, 추사, 후광, 거산 등은 고금의 유명한 분의 호이며 복수의 호를 사용하기도 한다. 이는 현대의 예명이나 필명과 같은 것으로 호는 지금도 많이 애용되고 있다.

당호(堂號)는 안채와 별채 등 집의 이름을 뜻하기도 하나 여자의 호를 말한다. 사임당(師任堂), 난설헌(蘭雪軒) 등은 시화로 유명한 부인들의 당호이다.

이처럼 호(號)가 널리 사용된 것은 부모가 주신 이름을 함부로 하지 아니함이 예(禮)요 효(孝)라는 전통과 선비문화의 소산이기도 하다. 오늘날에도 다양한 사회활동에서 타인의 이름을 함부로 부르기 어려운 경우가 많다. 이럴 때 호(號)가 있으면 부담 없어 좋다. 바쁜 현대인도 호 하나쯤 지어 부르는 여유와 멋을 가져보면 어떨까? 호는 본시 양반의 몫이었으나 지금은 민주국가이니 누구나 당당히 사용할 수 있다.

처가와 시댁 식구들, 어떻게 불러야 할까

◈ **혼례 후에는 환경의 변화로** 호칭이 문제인 경우가 많다. 어른들 앞에서 연애 시절처럼 함부로 부를 수도 없고 또 친척들 호칭을 어떻게 불러야 할지 당황하는 경우도 있다. 어떤 고위급 인사가 지인들을 초대한 자리에서 난처한 처지에 놓인 일이 있었다. 허겁지겁 뛰어 온 지각한 며느리가 손님들 앞에서 '오빠가 늦어서'라고 둘러댔는데 오빠란 남편을 지칭한 말이었다. 남편을 오빠, 아빠 심지어 아저씨라고 부르는 여성도 있다. 가족 간의 적절한 호칭은 화목한 가정생활의 기본이며 품격이기도 하다. 바람직한 호칭과 지칭에 대하여 상황별로 살펴보도록 하자.

부부 간 호칭은 처음 새로운 환경에서 쑥스럽고 어려울 수도 있을 것이다. 신혼 초라면 '여보·당신·○○씨', 자녀가 생기면 '○○아버지·○○엄마'도 무난하다.

부모에 대한 호칭은 각기 친부모는 '아버지·어머니'라 한다. 배우자의 부모라면 시부모는 '아버님·어머님', 처부모는 '장인어른·장모님 혹은 아버님·어머님'이라고 불러도 된다. 예의(禮儀)에는 친(親)과 예(禮)가 있어, 나의 부모는 예보다 친을 중시하여 '아버지·어머니'라 하지만, 배우자의 부모는 예를 친보다 중시하여 '아버님·어머님'이라 호칭하는 것이다. 어른이 며느리에게 친하자는 뜻으로 '아버지'라 부르기를 명한다면 이에 따라야 한다.

형제자매 간이나 그 배우자의 호칭이 의외로 헷갈린다는 사람이 많다. 결혼한 여자의 시댁 호칭 중 어려운 것이 남편의 누나와 누나 남편을 부르는 것이다. 남편의 누나는 시댁의 누이라는 뜻의 '시(媤)-누님'으로 '형님'이라 부르며, 누이동생(손아래 누이)은 '아가씨'라고 호칭한다. 시누의 남편은 시누 남편인 지아비라는 뜻의 '시(媤)누부(夫)님'이다. 형제가 많으면 '큰시누, 큰시누부, 둘째 시누, 둘째 시누부'가 된다. 새댁이 남편의 형제와 그 배우자를 부를 경우 남편의 형(시숙)은 '아주버님'이고 아우(시동생)는 도련님이다. 시동생이 혼인하면 '서방님'이라 호칭한다. 남편 형의 아내는 '형님', 남동생의 아내는 그냥 '동서'이다. 손위 시누이의 남편은 '아주버님·서방님·아저씨'가 되며 손아래 시누이의 남편도 '서방님·아제'라고 한다.

아내의 형제와 그 배우자의 경우 아내의 남동생은 '처남', 아내의 언니는 '처형', 여동생은 '처제'이다. 오빠의 부인은 '아주머니', 남동생의 부인은 '처남댁'이고, 처형의 남편은 '형님·동서', 처제의 남편은 '동서·○서방'이다. 서방의 '서(書, 西)'자에는 '글 서와 서역 서'가 있다. 도련님의 서방(書房)은 글 서이나 사위의 서방(西房)은 서역 서이다. 예로부터 주동객서(主東客西)라 하였다. 사위는 손님으로 보아 서방(西房)이며, 도련님은 글을 읽는 서방(書房)이다. 사위를 서랑(壻郞)이라 하는 것은 남의 사위를 높여 일컫는 말이다.

칭호

호칭(呼稱)과 지칭(指稱)을 합하여 말할 때 칭호(稱號)라 한다. 친척과 인척 사이와 일반인 사이에서 쓰이는 것이 다르고 살아있을 때와 사후에 따라서 달리 쓰이기도 한다.

한자 호칭보다 편한
우리말을 사용하자

◈ **호칭을 제대로 쓰고 싶어도** 몰라서 못 쓰는 경우가 많다. 신세대 부부는 연애시절의 호칭을 많이 쓰나 주위의 시선이 곱지 않다. 그렇다고 여보·당신이라고 하자니 '닭살'이라며 기존의 호칭을 고수한다. 우리의 모 전직 대통령이 청와대 시절 여당 당대표와 면담 중 "부친의 병환은 좀 어떠시냐?"고 하니, 당대표가 "아버님께서 좀 쾌차하시다"고 말한 대화 내용으로 웃음거리가 되었다. 부친은 제3자의 표현이니 '아버님·춘부장'이어야 했고, 나는 '아버지·가친'이라고 해야 한다. 이처럼 호칭 예절은 중요하다.

말할 때 어려운 한자 호칭으로 실례를 하는 것보다 편한 우리말 호칭으로 내편은 겸손하게 '님'을 빼고 상대편은 높여서 '님'을 사용하면 대체로 실수를 면할 수 있다. 부모에 대한 호칭부터 보면 나의 아버지는 '가친·엄친(사후면 선친·선고)'이며 어머니는 '자친·노모(사후면 선비)'이다. 상대의 아버지는 '대인·춘부장(사후면 선대인)'이고 어머니는 '대부인·자당(사후면 선대부인·선자당)'이다. 또 할아버지도 나(조부)와 남(조부장)의 경우가 다르다. 의식행사가 아니라면 우리말 호칭에 '님'자를 넣고 빼는 것만으로도 현대인의 에티켓이 다소 용이해질 것이다.

자식에 대한 호칭은 자주 쓰이나 실수하기 쉽다. 나의 아이는 '아들·자식', '딸·여식'이지만, 남의 자식은 '아드님·자제·영식(슈息)' 혹은 '따님·영애(슈愛)'라고 높여준다.

대통령 부인을 영부인(슈夫人)이라고 한때 잘못 호칭한 적이 있다. 영부인은 '영애'처럼 상대에게 직접 말할 때이며 제3자의 표현은 그냥 '부인'이 맞다. 내 며느리는 '애·며느리·너'지만 남의 며느리는 '며느님·자부님'이고, 사위는 'O서방·이름(장인이)·자네(장모가)'이나 남의 사위는 '사위님·서랑'이라고 높여 부른다.

아버지 형제의 호칭은 '큰아버지·작은아버지'로 불리고 있다. 여기서 유의할 점은 형제분이 많을 때 '맏이는 큰·막내는 작은·중간은 몇 번째(아버지)'라는 접두어를 붙여야 한다는 사실이다. 형제가 다섯 분이면 '큰아버지는 맏이·작은아버지는 막내·중간 세 분은 둘째·셋째·넷째(아버지)'가 된다. 이것은 큰어머니·작은어머니 또는 형제자매·이모·고모 등 차례가 있는 친척의 칭호에서 동일하다. 그래야 모두에게 통일된 같은 칭호가 부여될 수 있다. 그렇지 않으면 둘째아버지가 큰집 조카에게는 작은아버지로·셋째 집 조카에게는 큰아버지로 불리는 혼돈이 생기기 때문이다.

혼인으로 생긴 사돈(査頓)은 한 여자의 시댁과 친정의 부모끼리, 즉 같은 세대의 동성 간 호칭이며 이성 간은 사돈어른이다. 사장(査丈)어른은 윗세대 사돈 남녀(예 며느리의 친정 조부모나 딸의 시조부모)를 말한다. 사돈양반은 아랫세대의 기혼 이성인 사돈(예 시어머니가 며느리의 오라비)을 말하며, 미혼 남자-면 사돈도령(총각) 또 미혼 여성이면 사돈처녀(아가씨)로 칭한다. 사돈아기씨(아기)는 어린 사돈의 애칭이다.

예절의 모든 기준은 다음과 같은 원칙을 가르침으로 삼으면 될 것이다. '지나친 예는 거짓 예로써 예가 없는 것과 같고, 잘못된 예는 예가 아니므로 예를 하지 않음과 같다.'

촌수
제대로 알기

❀ 촌수(寸數)란 친족 간의 멀고 가까움을 계산하는 방법으로 1촌을 '한마디'로 생각하면 된다. 세계의 어느 곳에도 우리와 같이 친족을 촌수로 따지고, 그것을 또 친족의 호칭으로도 사용하는 나라는 발견하기 어렵다. 촌수는 어느 친척이 나와 어떤 거리에 있는가를 명확하게 말해 준다는 점에서 다른 어느 문화에서도 볼 수 없는 우리 고유의 제도다. 이런 촌수제도는 12세기 고려시대까지 거슬러 올라가며, 조선의 〈경국대전〉에도 종형제(從兄弟)를 4촌 형제로 종숙(從叔)을 5촌·숙(아저씨)으로 기록한 것을 볼 수 있다.

촌수의 기본 개념은 ① 부부는 촌수가 없다. ② 부모와 자식 사이는 1촌이다. ③ 형제자매는 2촌이다. ④ 촌수의 촌(寸)은 사람과 사람 사이의 연결마디를 의미한다. 이 마디의 수가 촌수이다. 즉 나와 아버지는 1촌, 할아버지(나의 아버지의 아버지 관계)는 2촌이다. 나와 형제자매(나와 부모 1촌, 형제도 부모와 1촌)도 2촌이다. 이런 식으로 아버지의 형제들(나와 아버지 1촌, 아버지와 할아버지 1촌, 할아버지와 아버지의 형제들

1촌)은 3촌이다. 3촌의 자녀는 4촌, 그들의 자녀는 5촌(조카, 당질, 종질)이다. 호칭은 사람마다 따로 있어야 구분되나 촌수는 무한정 관계를 도식화 할 수 있다.

하지만 이런 촌수가 친족 호칭으로 대용되는 것은 대체로 '3·4·5·6·7·8촌'에 국한되어 있다. 우리의 전통 대가족제도는 한 집안에서 할아버지를 모시고 직계 자손과 미혼인 형제자매가 동거한다. 손자의 손자가 생기다 보면 살아생전에 뵐 수 있는 최고의 할아버지는 4대조(고조)이며, 그 자손은 8촌에 이른다. 그래서 우리의 전통 제례(祭禮, 제사의 예절)도 고조(高祖)까지 4대를 모신다. 8촌까지를 근친, 당내간, 유복지친이라 하는 이유가 여기에 있다. 촌수가 호칭과 혼용되는 것은 촌수가 그만큼 관계분석의 힘이 강력하다는 반증이기도 하다.

촌수의 짝수(4·6·8촌)는 모두 나와 같은 항렬의 사람이고, 홀수(3·5·7촌)는 나의 윗항렬(아저씨·당숙·종숙)이거나 아래항렬(조카·당질·종질)의 사람들이다. 이 촌수는 친소의 척도는 되지만 세대는 분명치가 않다. 예를 들면 5촌은 당질(조카·종질)도 당숙(아저씨·종숙)도 된다. 그래서 '당숙·당질'처럼 숙(叔·아저씨), 질(姪·조카), 조(祖·조부모), 손(孫·손자녀) 등 세대를 표시하는 호칭과 종(從·사촌), 재종(再從·6촌), 삼종(三從·8촌) 등 친소를 표시하는 접두어의 조합으로 다양한 호칭이 발달되었다.

우리 고유의 것으로 개발된 것이 바로 촌수라는 개념이며 여기에는 선조들의 지혜가 살아 숨 쉬고 있다. 미국은 불과 200년의 역사로 이러한 우리의 제도와 뿌리정신에 놀라워하고 효친사상이 깃든 가족제도의 장점을 부러워하기도 한다. 글로벌시대에는 우리의 고유문화가 곧 세계적인 것이 된다. 잊혀져 가는 역사와 전통 속에 선조들의 숨결을 느끼며 자랑스러운 한국인의 자긍심을 가져도 좋을 것이다.

아버지와 아버님의 차이

한자로 부(父)는 도끼를 들고 있는 모양이고 혹자는 손에 회초리를 든 형상이라고도 말한다. 아버지는 엄한 모습의 상징이었으나 요즈음 그 권위가 많이 실추되고 호칭마저 실종되어 심지어 시부모 앞에서 며느리가 제 남편을 '아빠'라고 칭하는 경우에까지 와 있다. 동물의 세계에는 어미만 있을 뿐 아비가 없다. 인간의 가족제도와 문명의 산물인 아버지의 존재는 그만큼 중요하며 인간만이 향유할 수 있는 가치이다.

더러 아버지를 '아버님'이라고 부른다. 존경의 뜻으로 거부감 없이 받아들이는 측면도 있을 것이다. 그러나 교통질서를 위한 신호등처럼 예절에도 규칙이 있다. '아버님'이란 친부(親父)가 아닐 때의 호칭으로 시아버지나 타인의 아버지를 부를 때에 쓰이는 말이다. 어려서는 '아빠, 엄마'이다가 청소년기부터 '아버님'이 아닌 '아버지'로 불린다. 정겨운 '아빠, 엄마'라는 표현을 할 수 있으나 사석이 아닌 공석에서는 피하고 '아버지'라야 한다. 사위가

장인을 보다 친근하게 부르려면 '아버님'일 것이다. 시부모에게 친정부모를 말할 때는 '친정아버지' 혹은 '친정어머니'라고 하면 된다.

  부모를 윗대의 어른에게 말할 때 '애비', '에미'라고 하는데, 나에게는 부모지만 그들에게는 자식이기 때문이다. 외부에는 그냥 '아버지', '어머니'이지만, 좀 예스럽게 하려면 아버지는 가친(家親), 어머니는 자친(慈親)이라 함이 일반적이다. 예의에는 친(親)과 예(禮)가 있는데, 친(親)은 예(禮)보다 친(親)함이 앞서기 때문에 그냥 '아버지'이고, 혈연이 아닌 인척이나 타인은 친함보다 예(禮)를 앞세워 '아버님'인 것이다. 며느리와 딸이 동시에 '아버님'하고 부르면 누가 딸이고 누가 며느리인지 분간할 수 없을 것이다. 얼마나 합리적이며 웃음과 재미있는 구석이 엿보이는 예의인가?

이처럼 나의 생부모(生父母)가 아닌 인척관계이거나 남의 부모라면 예의상 '님'을 부친다고 생각하면 실수가 없을 것이다. 그렇다면, 가정의례준칙의 지방 쓰는 법에 '아버님 신위, 어머님 신위'라 한 것은 잘못된 것인가 하는 질문을 종종 받는다. 예로부터 문서(文書)로 쓸 때는 '님'을 붙인다. 편지에 '부주전 상서(父主前 上書)'라고 쓸 때의 '주(主)'는 '임금 주'로 '님'이란 뜻이고, 돌아가신 아버지의 위패를 '고학생 군(考學生 君)'이라 쓸 때의 '군(君)'은 '임금 군'으로서 역시 '님'이라는 뜻이다. 따라서 신주 혹은 지방이나 편지에 '님'이라 쓰는 것은 맞으며 정상이다.

어느 신혼 주부가 시부모에게 남편을 '아빠'라고 말하면 좋겠는데 아이가 없어 좀 난처하단다. 하지만 아이가 있어도 '아빠'는 아니다. 이는 아이에게 남편을 말할 때 쓰는 말이며, 보통 '애비'라고 하나 '사랑'이라는 말이 있다. 이는 거처칭(居處稱)으로 '사랑방에 있는 사람'이란 뜻이고, 아내는 '제댁'으로 '저의 집사람'이란 뜻이다. 세상이 변했다고는 하지만, 바야흐로 세계가 우리의 것을 알려고 하는 한류 열풍의 시대이다. 우리가 우리 것을 모르면 한국인의 기상도 한류도 없을 것이다.

사돈양반과
사돈어른은 같은가

❈ **어느 경상도 할머니 셋이 모여** 이야기를 나누고 있었다. "우리 며늘아가 그러는디, 예수가 죽었다 카드라" 하니, "와 죽었다 카드노?", "못에 찔려 죽었다 안카나." 이때, 아무 말이 없던 할머니가 "예수가 누꼬?" 하고 물었다. "우리 며늘아가 아부지 아부지 케사이 사돈양반 인 갑지 뭐" 했다. 우스갯소리지만, 진짜 며느리의 아버지라면 사돈양반이 아닌 사돈어른이어야 한다. TV 연속극이나 방송국 등에서도 사돈양반, 사돈어른 등 호칭의 선택이 잘못 혼용되는 경우가 있어서 그 파급 효과가 크다.

사돈(査頓)이란 서로 혼인한 남자와 여자 측의 가족관계를 말하는데, 호칭을 잘못 사용하는 경우가 많다. 사돈집의 모든 분을 '사돈'이라고 부르거나 사돈양반·사돈어른을 혼동하는 사람이 더러 있는데, 세대의 차이나 성별 혹은 나이에 따라서 칭호가 달라진다. 우선, 사돈이란 같은 세대(항렬)며 동성 간의 사돈을 말한다. 같은 세대라도 이성의 사돈이나, 동성이라도 자기보다 10년 이상 연상이면 조금 높여 사돈어른으로 부른다. 다만 여성 사돈은 '사부인'이라고도 말한다. 따라서 자기의 며느리나 사위의 아버지는 같은 항렬로 보아 '사돈(혹은 사돈어른)'이고 어머니는 '사부인(혹은 사돈어른)'이 된다.

사장(査丈)이란 윗세대의 사돈을 뜻한다. 항렬이 높은 사돈은 성별에 관계없이 '사장어른'이다. 사돈의 첫 글자인 '사(査)'자에 '어른 장(丈)'자를 쓰는 이유가 여기에 있다. 이처럼 사돈 간에는 호칭이 세대, 남녀, 나이에 따라서도 달라지는 것을 알 수 있다. 사돈은 피와 살이 섞이지 않았기 때문에 분명히 남이지만, 아들과 딸을 주고받은 특수한 관계이므로 항렬과 같이 세대의 위계가 정해진다. 그 위계를 사행(査行)이라고 한다. 딸을 시집보낸 부모의 위치에서 보면 딸의 시부모는 같은 사행이나 딸의 시조부모는 한 단계 윗 사행이 된다. 이처럼 사돈 간 호칭은 사행에 따르고 나이, 남녀도 중시된다.

자녀 배우자의 조모는 '안'자와 함께 '안사장어른'으로도 부르며, 'ㅇㅇ(시, 처)조부모'와 같은 관계말로도 쓰인다. 동기 배우자(형수, 자형, 올케 등)의 부모도 '사장어른'이다. 자녀 배우자의 조부모보다 한 항렬이 높으면 앞에 '노'자를 붙여 '노사장어른'이 된다. 아래 사행의 사돈은 사돈양반(아랫세대의 기혼 이성)·사돈총각(사돈도령, 미혼 남자)·사돈처녀(사돈아가씨, 미혼 여성인 사돈)·사돈아기씨(사돈아기, 어린 사돈에 대한 칭호) 등이다. 사돈양반이란 아랫세대를 말하며, 상대방의 사행이 낮더라도 나이가 더 많거나 좀 어려운 상황에서는 다소 높여 '사돈'으로 예우하는 것이 일반적이다.

사돈이란 자녀를 주고받은 소중한 관계이다. 이 새 인연은 며느리와 사위라는 관계로서, 가문의 장래에도 크게 영향을 미친다. 그래서 사돈을 하려면 근본을 보라고 하였고, 가정교육을 특히 중요시 해왔다. 젊은이들 스스로도 배우자를 택하는 기준이 외양의 겉모습이 아닌 가정교육과 근본을 살피는 지혜가 있어야 좋은 가정을 이룰 수 있다.

누님의 남편은 매형인가

◈ **상식**(常識, common sense)은 전문지식이 아닌 보통사람이 가지는 보편적 생각이나 분별력을 뜻한다. 인간관계의 기본인 호칭예절은 교통질서처럼 편리하고 유용하게 생활편의를 위하여 만들어진 편리한 규칙으로, 어려서부터 생활화된 사람은 상식이며 자연스러운 것이나, 안 지키던 사람이 갑자기 지키려면 규제로 느낄 수 있다. 지식보다 사람 됨이 우선인 공동생활에서 에티켓 없는 1등은 꼴찌보다 못하다는 말이 있다. 더욱이 한류가 우리를 주목하는 마당에 우리문화를 챙기는 것은 당연한 도리일 것이다.

흔히 누님의 남편을 매형(妹兄)이라 칭하는데 맞는 말일까? 매형의 매(妹) 자는 손아래 누이를 뜻하므로 누님의 남편은 손윗누이 자(姉)를 써 자형(姉兄)이라 존칭되어야 한다. 매형이란 여동생의 남편이 나보다 연상이거나 반대로 누님의 남편이 나보다 연하일 때 쓰이는 말로, 앞뒤가 틀린 모순된 표현이다. 여동생의 남편은 서열이 아래이니 형(兄)이 아닌 매제(妹弟)라야 한다. 손위나

아래동생의 남편은 그 서열도 동격이어야 맞다. 한편, 여자는 자기 형제의 남편을 형부·제부라고 보통 말하지만, 본디 사내 랑(郞)자를 써 형랑·제랑이라 하며 아주버님과 서방님으로도 칭한다.

형수와 제수라고 할 때의 수(嫂)는 '형수 수' 자지만 형제의 아내를 통칭하는 말로 쓰인다. 올케는 오라비의 계집이란 뜻으로 내 부모를 모실 며느리를 말하지만 이는 관계어이고, 호칭어는 손위올케의 경우 오라버니댁, 새언니라 공대하며, 남동생의 아내는 새댁, 동생 댁이다. 시숙이란 보통 남편의 형이라고 알고 있으나 원래는 남편의 남자 형제를 통칭하는 말이다. 남편의 '형은 손위 시숙·아우는 손아래 시숙'이 정확한 표현이나, 요즘은 시아주버니에게 주로 쓰이는 용어가 되어가고 있다. 자매는 여자 동기 간을 스스로 말하는 것으로 생각하나, 남자가 자기 여형제를 가리킬 때의 한자어이다.

남매에는 또 다른 뜻이 있다. 첫째, 처남 매부 사이다. 아내의 오라비와 누이의 남편이 서로 남매간으로 인한 친척이 되었다는 뜻이다. 둘째, 시누이올케 사이 또한 남편의 누이와 오라비의 아내가 친척이 되었다는 의미로 '처남, 매부'와 '시누이, 올케'도 남매간이다.

아주머님이란 본디 손위 여자 친척을 말하는 것으로 그 연장으로 형수, 처형, 손위 처남댁에게 편하게 공대해도 무난하다. 또 아주버님이란 본래 아저씨를 말하는 것이니 손위 남자 친척인 형이랑, 시아주버니 등에게 그렇게 공대해도 될 것이다. 서방님은 결혼한 남자를 존칭하는 말로 그 선에서 제랑, 시동생에게도 그리 공대하며, 도령은 높은 집안 자녀를 가리키는 말로 미혼 남자를 뜻하니 손아래 처남, 사돈총각에게 평상어로 써도 된다. 아기씨는 본시 손아래 시누이를 존칭하는 말이나 그 선에서 높은 집안의 미혼 따님을 말하는 것이므로 미혼 처제에게 그리 칭해도 무방하다.

밥을 먹을 때 손으로 먹든 숟가락으로 먹든 그것은 개인의 선택사항이다. 하지만 폐가 되거나 보기 흉하면 문제가 된다. 집 안에서는 편한 옷을 입고 자유롭게 행동하다가도 외출할 때는 신경 써서 옷을 갖춰 입는 것은 보편적인 상식이며, 이것까지 선택사항일 수는 없다. 어릴 때 입었던 옷을 장성해서는 못 입는 것처럼 예의는 때와 상황에 맞아야 하며, 그렇지 못하면 정신 연령이 부족한 것으로 보일 수 있다. 반듯한 예의범절과 호칭 예의는 우리의 정체성이며, 서로 존중하는 기본덕목이어야 한다.

서방(書房)과 서방(西房)님

✿ 서구문화만 추구하던 시대는 가고 우리 것이 힘이며 자랑이라는 기운이 서서히 일고 있어 다행이다. 김치가 서양의 피클을 압도하리라는 주장이 외국인의 입에서 나오고, 우리의 구들문화가 온방(溫房)과 건강에 최고라며 세계가 놀라고 있다. 이른바 한류가 일고 세계가 우리나라를 주시하고 있으나, 오히려 우리 자신이 우리 것에 대한 성찰과 애정이 부족하다는 지적과 우리의 인사법인 절이나 간단한 예절마저 모르는 경우가 있어 안타깝다. 전통과 문화는 계승하는 자의 것이며, 이것 없이는 문화민족일 수 없다.

한 말의 갑오경장(甲午更張) 이후 일제의 침략으로 우리의 정체성은 물론, 전통과 호칭문화도 훼손되어 오늘날까지도 많이 혼돈스럽다. 어느 날 한 친구의 문의가 있었는데, 큰 아들의 볼멘소리인즉, 자기 아내가 왜 남동생을 서방님이라고 부르냐는 항변에 답을 못하여 난처했다는 것이다. 서방이란 남편만이 아니라 시동생과 사위, 시누이나 시누이 동생의 남편도 서방님으로 호칭되며, 심지어 더러는 머슴도 'ㅇ서방'이라고 불렀으니 헷갈릴 수 있을 것이다. 그러면 '서방'이란 과연 무슨 뜻인가? 더욱 '서'의 한자어는 서방(書房)과 서방(西房), 서랑(壻郞) 등이 있으니 무척 헷갈릴 것이다.

우선, '글 서'인 서방(書房)의 사전적 풀이는 '남편의 높임말, 혼인한 시동생, 벼슬 없는 젊은 선비를 부르는 말' 등이니, 결국 그 어원은 '글방의 선비'를 의미한다. 남편은 글방에서 책을 읽는 선비이고 시동생도 그러하니, 시동생이 총각일 때는 도련님이다가 장성하여 혼인하면 서방님으로 예우한다. 옛날에 '깎은서방님'이란 말쑥하게 차린 선비를 뜻하였으며, '글방서방님'은 글공부밖에 하는 일이 없는 아직 벼슬 못한 서생선비를 놀리는 말이었으니, '서방'이란 남편의 뜻만 있는 것이 아니다. 머슴을 'ㅇ서방'이라 한 것은 마땅히 부를 말이 없을 때 나이든 하인을 예우한 것이다.

사위는 '서녘 서'의 서방(西房)이다. 예로부터 사위를 '백년손님'이라 하여 가까우나 어렵게 여겼다. 본래 동쪽은 집의 근본으로 주인은 동쪽을 지키고 손님은 서쪽에 모시는 것이 의례이고, 이것이 소위 '주동객서(主東客西, 주인은 동, 객은 서)'이다. 왕세자는 차세대의 주인으로 동궁(東宮)에 거처하며 동궁마마이듯이, 현대의 국가의전 역시 국빈의 좌석 배치도 이 기준에 따라 이뤄지고, 사위의 신방은 서쪽에 마련되며 'O서방(西房)'이라 불렸다. 같은 맥락에서 시누이의 남편과 시누이동생의 남편도 '서방(西房)'이다. 한편 '사위 서'의 서랑(壻郎)이란 '남의 사위를 높여 부르는 말'이지 호칭이 아니며, '서방(壻房)'이라는 용어는 처음부터 없었다.

짧은 역사이지만 미국은 문화적 자산이라고 생각되는 것은 작은 것 하나 소홀함 없이 보존하려는 노력으로 오늘의 미국을 있게 하였으며, 내셔널트러스트(National Trust) 같은 시민의 문화재보존운동 또한 활발하다. 1만 년의 찬란한 역사를 자랑하는 민족일지라도 보존하지 못하는 전통과 문화유산은 의미가 없으며, 그 혹독한 대가는 결국 후손의 몫이다. 우리는 어떠한 유산을 사랑하는 후손에게 물려줄 것인가?

'우보 잘 있었나'
나도 아호를 가져보자

◈ 고래로 우리는 이름을 아주 중시하여 함부로 부르지 않았다. 어릴 때는 집안에서 부르는 아명(兒名), 성년이 되면 관례(冠禮, 요즘 성년식) 때 아버지가 지어주는 자(字), 장년에는 호(號, 雅號)를 지금의 예명처럼 불렀다. 공식이름은 관명(冠名)이었다. 이름은 보통 항렬자로 짓는데, 항렬(行列)은 같은 씨족 간 세대의 차례를 나타내는 것으로 중요하다. 할아버지와 같은 세대는 조항(祖行), 아버지 세대는 숙항(叔行)이고, 자기와 같은 세대는 동항(同行), 아들의 세대는 질항(姪行), 손자 세대는 손항(孫行)이라고 한다.

지금은 아명(兒名)과 자(字)는 간데없고 이름만 남아 있을 뿐 호(號)가 겨우 맥을 이어주는 정도이다. 옛날에는 소중한 이름을 함부로 부를 수가 없어 호가 필요했다. 선현들의 호를 살펴보면, 포은 정동주, 독은 이색, 야은 길재(고려 말 3은)를 비롯하여, 퇴계 이황, 정암 조광조, 율곡 이이, 사계 김장생, 추사 김정희, 송강 정철, 단원 김홍도 등 헤아릴 수도 없다. 현대에 와서도 백범 김구, 우남 이승만, 해공 신익희, 미당 서정주, 춘원 이광수, 육당 최남선, 인촌 김

성수, 후광 김대중 등 열거할 수 없다. 여성의 호는 주로 집에 기거한다는 의미로 당호(堂號, 예 신사임당)라 하였다.

호는 주로 스승이나 친구 또는 자기가 지었다. 짓는 방법은 고전에서 따오거나 인연 있는 산천이나 고향 이름을 따 짓기도 하며, 자기의 성격이나 경계하는 뜻이나 희망을 나타내기도 한다. 또는 이를 혼합하여 짓기도 하는데, 보통 큰 인물일수록 자기를 추켜세우기보다 평범하거나 겸손하게 지었다. 이송(而松, 그냥 소나무), 우보(牛步, 소걸음), 우천(愚泉, 미련한 샘) 쯤은 어떤가? 참고로 필자의 호는 스승이 지어준 서은(西隱)인데, 서(西)는 고향마을 서촌(西村)에서 은(隱)은 선비들의 겸손이 엿보인다고 따온 것이다. 굳이 풀이한다면 '서편에 은둔한 촌로' 쯤 되려나?

지금도 주변을 살펴보면 생각보다 호의 사용은 많다. 한 번 불러보자! 우보 잘 있었나? 점잖고 좀 깊이가 있어 보이고, 무언가 책임의식도 느껴지는 기분이다. 술자리를 같이한 벗의 호가 운곡(雲谷)이었다. 소박하게 자연풍광을 즐기는 여유와 멋스러움이 있다. 또 한 벗의 호는 설봉(雪峰)인데 백발에 기상이 넘치는 호남으로 아주 제격이다. 언제나 현명한 처신을 하는 벗의 호는 현촌(現村)으로 어질 '현' 자는 아니나 어찌 느낌이 딱이다. 성격이 원만한 또 한 벗의 호는 이송(而松, 그냥 소나무)인데 그냥 별 뜻 없는 호라는 설명만큼이나 참으로 절묘한 아호(雅號)이다. 노년에 생쥐·찍새 등 옛 별명이나 막 이름 뒤에 ○○야, ○○야 하는 것은 좀 그렇다. 우리의 육신은 유한하나 이름에는 그 사람의 명예가 담겨 있고 영원하다고 하였다. 그래서 '호랑이는 죽어 가죽을 남기고 사람은 죽어 이름을 남긴다' 고 했던가. 옛날에도 나이가 지극하면 호가 제격이었다. 요즘은 호(號)를 쑥스럽게 여기는 사람들이 있다. 장년에 접어들면 전통의 맥도 이을 겸 그냥 멋으로라도 호 하나쯤 갖고 있어 봄 직하다.

'싸가지 없는 놈'이 되지 않으려면

◉ **가정이나 직장 내에서** 구성원 간의 대화는 피할 수 없는 현실이다. 그럼에도 항상 어른을 표현할 때의 높임말의 방법이 문제이다. 즉, 나보다 윗분을 더 높은 윗분에게 말할 때 어떻게 지칭하는가 하는 것이다. 할아버지가 아버지의 행방을 물어보실 때는 '아버님'이 아니라 '아버지'인 정도는 대충 안다. 그러나 사장이 사원에게 '김 부장, 어디 갔나?'라고 말할 때, 사원 입장에서 '김 부장은 외근 나갔습니다'라고 해야 할까? 아니면 '김 부장님은 외근 나가셨습니다'고 해야 할까? 이 같은 내용이 '압존법'에 해당한다.

압존법(壓尊法)의 사전적 의미는 '문장의 주체가 말하는 사람보다는 높지만 듣는 사람보다는 낮아, 그 주체를 높이지 못하는 어법'을 말한다. '할아버지, 아버지가 아직 안 왔습니다'라고 하는 것과 같은 맥락이다. 할아버지에게는 아버지를 높여 말하지 않는다. 압존법은 내가 높여야 할 대상이지만 듣는 이가 더 높을 때의 표준어법이며 예절이다. 아버지가 주무신다는 사실을 알릴 때도 '할아버지, 아버지가 자요' 처럼 말한다. 학교에서도 압존법이다. 선생님께는 선배님이 아닌 선배로 표현한다. '선생님, 3학년 선배님께서 오셨습니다' 처럼 말하면 선생님과 선배가 동격이 된다. 그렇다고 이 원칙을 기계적으로 적용할 수는 없다. 요즘은 이러한 전통도 변하여 윗분 앞이라도 아버지를 높이는 경향에 따라 '할아버지, 아버지가/께서 주무셔요' 정도는 허용된다.

직장은 좀 다르다. 바른 언어예절의 규범을 위하여 국립국어원이 1992년에 제정한 '표준화법해설'에 의하면, 직장에서는 압존법을 지키지 않는 것이 언어 예절로 되어 있다. 가정에서는 할아버지와 아버지가 등급이 다른 세계이지만, 직장은 직급의 차이뿐 같은 세계이며 직급이 뒤바뀔 수도 있다. 따라서 학교와 가정에서 유효한 압존법이 직장이나 특히 군대에서 강요되는 것은 잘못된 언어습관이다.

나이 드신 분들 가운데 직장에서 압존법을 주장하는 분들이 많다. 이는 일본식 직장 예절교육의 영향인데, 우리 젊은 층까지 잘못된 교육으로 혼란을 야기하고 있는 실정이다. 우리 직장 예절은 나보다 윗사람에 대해서는 공히 높여 말하는 것이다. 그래도 여전히 현실적인 벽이 있다. 압존법을 지키지 않는 원칙에 따라 '사장님, 김 부장님께서 방금 도착하셨습니다' 라고 말하면 듣는 사장이 기분 나쁠 수 있다. 속으로 '내가 부장과 동급이야?' 할 수 있는 반면, 압존법으로 '김 부장이 도착했습니다' 라고 하면 나중에 김 부장이 이 말을 전해 듣고 '싸가지 없는 놈' 이라고 할 수도 있다.

언어예절은 지역, 연령, 계층, 상황에 따라 다양하게 해석될 수도 또한 변화할 수도 있다. 그러므로 너무 엄격한 표현 방법보다 상황에 맞춰 적절하게 공대하면 어떨까? 사장과 더불어 김 부장도 같이 높이되, 김 부장은 조금만 높이는 방법을 쓰면 좋을 것이다. 예를 들어, '사장님, 김 부장은/께서 외근 나가셨습니다' 정도로 표현하면 사장과 부장을 동시에 높이면서 부장은 상대적으로 덜 높이는 효과를 거둔다. 이것은 공식석상에서 직함 뒤에 '님' 자를 붙이지 않고 지칭하는 것과 비슷한 이치이다.

대통령 부인은
영부인이 맞지요

❋ 우리의 호칭(呼稱)은 다양하여 헷갈릴 때가 많다. 호칭이란 어떤 사람을 직접 부르는 말이고, 지칭은 어떤 사람을 다른 사람에게 말할 때 가리키는 말이다. 이것을 통칭하여 칭호(稱號)라고 한다. 자녀를 말할 때 나의 자녀라면 아들·딸이면 되나, 상대의 자녀에게는 아드님·따님이라고 예우한다. 한문식은 내 쪽은 자식·여식이나, 상대방에게 그의 자녀를 말할 때는 영식(令息)·영애(令愛)라 부른다. 자기 집사람을 남에게는 안사람·아내라 말하나, 남에게 그의 아내를 말할 때는 안어른·영부인(令夫人)이 된다.

먼저 영부인(令夫人)이란 단어의 사전적 풀이를 보면 '지체 높은 사람의 아내를 높여 일컫는 말'이다. 즉 상대의 부인을 높여서 말하는 일반적 뜻이나, 대통령 부인의 호칭으로 잘못 생각하는 사람이 많다. 이는 한때, 박정희 대통령이 육영수 여사에게만 영부인이란 칭호를 사용토록 금기시한 데서 연유한다. 각하라는 말도 마찬가지다. 전에는 장군들도 각하라고 불렀다. 박대통령도 장군시절 즐겼던 칭호이나 후일 대통령이 된 다음에 대통령만 각하로 호칭케 하였다. 좀 성격이 다르긴 하지만, 북한에서 사용하는 '동무'도 보통의 용어지만 북한이 특수하게 사용하니까 우리 측에서 금기시한 것이다.

대통령의 부인만을 '영부인'이라 하다 보니, 이것이 맞다면 대통령(大統領)의 부인을 한자로 영부인(領夫人)이라는 억지주장까지 나온다. 그렇다면 여성 대통령일 때 그 남편은 영남편(領男便)이어야 하는가? 대통령의 령(領)자는 '거느릴 령(領)'이고, 영부인의 영(令)자는 '하여금 영(令)'으로 남을 높여 부를 때 붙이는 접두사이다. 따라서 영부인이란 특정인의 부인이 아니라 남의 부인을 높여 부르는 일반적 용어이다. 한편, 상대방에게 그의 남편을 높여서 부르는 칭호는 주인어른·바깥어른·부군이니, 여성 대통령의 남편인 경우의 칭호는 '대통령의 부군'으로 칭하면 될 것이다.

부인(夫人)도 높임말이다. 본래 천자의 첩이나 제후의 아내를 호칭한 것이고, ○품부인이라 부르는 봉작을 받은 부인(婦人)에 대한 봉호를 칭하는 등 남의 아내에 대한 경칭이며, 영(令)은 남의 아버지를 높이는 말인 영존(令尊), 남의 아들·딸을 높여 영식·영애·영윤(令胤)이라 했듯이 남의 친속을 높여 부르는 말이다. 그래서 옆집 아주머니나 직장상사 부인, 기혼 여성이면 누구나 영부인의 칭호가 가능하다. 따라서 영부인이 퍼스트레이디(First Lady)라는 번역은 오류다. 영부인이란 특정인의 칭호가 아니므로 '○○○씨 영부인' 또는 '○대통령의 부인' 이어야 한다.

또 영식·영애라는 표현은 지금도 혼인할 때 보내는 혼서에서 볼 수 있고, 실생활에서도 쓰이고 있다. 또 스승의 부인을 흔히 사모님이라고 부르나 자신보다 좀 더 사회적 지위나 나이 등 윗분의 부인을 말할 때 그냥 사모님이나 부인이라는 표현이 어찌 존칭의 감이 부족하다고 느껴진다면 영부인(令夫人)이라는 표현이 그 간격을 채워줄 수도 있을 것이다.

이름 끝에 붙이는
'양'과 '군'의 뜻은

❇ 얼마 전 가까운 이웃으로부터 질문을 받았다. 보통 젊은 남자의 이름 끝에 군(君)을 붙이고 미혼 여성의 이름 끝에는 양(孃)을 붙이는데, 그 뜻이 궁금하다는 것이었다. '군'은 임금 군(君) 자이나 남자 이름 뒤에 쓸 때는 임금이 아니라 그냥 남자라는 뜻이 되며, '양'은 아가씨 양(孃) 자이므로 자연히 미혼의 여자를 가리키는 말이다. 양은 낭(娘, 소녀)의 존칭과 혼용되어 오다가 여자의 성이나 이름 아래에 붙여 미혼인 처녀를 뜻하는 말로 쓰이며, 요즘의 미스(Miss)를 의미한다. 다만, 군(君)의 뜻은 좀 더 다양하다.

한문은 성형문자로 뜻풀이 없이는 잘못이 야기된다. 군(君)의 사전적 의미는 ㉠ 임금 ㉡ 남편 ㉢ 군자 ㉣ 봉작 ㉤ 그대 ㉥ 자네 등이다. 친구나 아랫사람에게 친근하게 쓰이기도 하지만, 예로부터 서(庶) 출신 왕자나 공로가 있어야 주던 작위였다. 또 문자의 형성은 입 구(口)와 윤(尹)이 결합된 것인데, 윤(尹)은 손에 무엇을 든 형상으로 천하를 다스리는 모양이고, 구(口)는 입·말·기도이니, 군은 하늘에 기도하여 뜻을 받아 천하를 통치하는 사람을 의미한다.

여기에서 군자(君子)의 의미는 '군(君)의 자손(子孫)들'이라는 복수 개념이다. 군(君)의 자손(子孫)이란 '단군(檀君)의 후손'을 뜻하며, 단군(檀君)은 환웅(桓雄)의 아들이고 환인(桓因)의 손자이다. 환인은 하느님의 아들이고 하늘의 음사(音寫)이니, 즉 군자란 천손(天孫), 하늘의 자손을 의미하였다. 필자는 역사학자도 언어학자도 아니므로 무슨 고증을 위함이 아니라 '군'은 '양'보다 그 의미가 다양하다는 점을 짚어본 것이다.

한편, 중국은 우리를 동이(東夷) 또는 군자지국(君子之國)이라 했다. 이(夷)의 사전적 해석은 ㉠ 평탄하다 ㉡ 동방인 ㉢ 온화하다 ㉣ 크다 등이다. 공빈(공자의 자손)의 〈동이열전〉은 동이를 '군자의 나라'로 예찬하였고, 서기 100년경 후한의 허신이 지은 한자의 최초 사전인 〈설문해자〉를 보면 "이(夷)는 평평하다

는 뜻이며 '동이는 활 잘 쏘는 동방의 어진 사람들로 죽지 않는 군자불사국(仁者壽有君子不死之國)'이라 했다. 공자도 "중국에 도(道)가 행해지지 않으니 군자의 나라인 동이에 가고 싶다"고 한 구절이 있다.

그럼에도 불구하고 중국은 지금 이 모든 것을 뒤엎고 역사왜곡을 하고 있다. 우리가 군자국이며 천손이라는 것은 중국이 스스로 말한 것이며, 그 사상은 고조선·고구려·발해로 계승되어 왔다.

단군은 중국의 문헌에서 실존하는 인물이나, 우리는 국가병란과 일제 36년을 거치면서 사료들이 말살되어 상고사를 밝혀줄 자료가 극히 제한적이다. 국내외 사료를 종합적으로 조사 연구하여, 민족의 뿌리요 반만년 역사의 절반인 고조선의 복원과 단절된 부여·고구려·발하 등 우리의 뿌리를 되찾는 일이 시급하다.

쉬어가는 이야기

나를 울린 아버지의 목발

화창한 봄날 2남 1여를 둔 행복한 가장이 모처럼 봄나들이에 나섰다. 한 승용차에 탄 다섯 가족은 즐거운 주말을 만끽하고 귀가하는 도중에 아버지의 운전실수로 교통사고를 당했다. 자동차가 언덕 아래로 구르는 큰 사고였다. 불행 중 다행으로 어머니와 두 아들은 가벼운 상처로 무사하였으나 운전하던 아버지와 옆자리의 딸은 크게 다쳐서 병원에 입원을 하였다. 특히 딸의 상처가 더욱 깊어서 오랫동안 입원치료를 받았음에도 완치가 어려웠고 평생 목발을 짚고 다녀야 할 입장이 되었다.

당시 사춘기였던 딸은 무엇보다도 마음의 상처가 아주 컸다. 친구들이 학교에서 체육을 할 때는 조용히 그늘에서 구경만 해야 했다. 등교 길에 돌부리에 목발이 끼어 남학생 앞에서 넘어지는 수모도 겪고 등산이나 수학여행 같은 것은 엄두도 낼 수 없어 외톨이 신세로 소외감이 점점 깊어져 많은 우울한 시간과 날들을 보내야만 했다.

그런 중에도 같은 목발신세가 된 아버지가 딸에게는 큰 위안이 되었다. 아버지도 교통사고 이후 후유증으로 결국 딸과 같이 목발을 짚게 되었던 것이다. 딸의 마음의 상처나 많은 투정을 말없이 받아 주셨고 학교생활의 어려움도 목발의 아버지가 곧 잘 해결사가 되어주었다.

딸에게는 아버지와 같이 공원벤치에 나란히 목발을 기대놓고 앉아 이런저런 이야기를 나누는 것이 유일한 행복이었고 위안의 시간이기도 하였다. 본래 등산가였으며 운동을 좋아하던 아버지가 목발에 의지해 계시는데 자신만이 우울할 수는 없었다.

어느 날이었다. 다섯 식구가 정답게 외식을 하고 귀가하는 길이었다. 마침 앞에서 동네 꼬마 녀석이 공놀이를 하고 있었다. 운동을 좋아하던 아버지는 목발을 휘청하며 귀여운 꼬마 녀석이 부러운 듯 미소를 지었다. 그런데 공이 갑자기 큰길로 굴러가자 꼬마 녀석은 공을 주우려고 좌우도 살피지 않고 자동차가 오고 있는 큰길로 쏜살같이 뛰어 들었다. 위험한 순간이었다.

이때, 놀라운 일이 벌어졌다. 아버지가 목발을 내 던지고 큰길로 뛰어들어 위기에 처한 꼬마를 안고 길 건너편으로 달려가는 것이었다. 한순간에 이 모든 일이 일어났다. 꼬마는 구출되었으나 딸은 자기 눈을 믿을 수가 없었다.

잠시 후 어머니가 딸을 꼭 안아 주며 이렇게 속삭였다.

"애야! 이제야 말할 때가 된 것 같구나. 사실은 말이다. 너의 아버지는 다리가 전혀 아프지 않으시단다. 퇴원 후에 다 나으셨거든. 그런데 네가 목발을 짚어야 된다는 사실을 알고 나신 후 아버지도 목발을 짚겠다고 자청하셨다. 너와 아픔을 같이 해야 된다고 하시면서 말이다. 이것은 아빠 회사 직원은 물론 우리 친척도 모르는 사실이다. 오직 나와 아버지만이 아는 비밀이야."

딸은 길 건너에서 손을 흔드는 아버지를 바라보면서 아버지의 깊은 사랑에 하염없이 눈물을 흘렸다!

Cultural Heritage
Korea

우리나라 세시풍속의 이모저모
나이 먹기 서러워 설인가
쥐불로 액을 방지한 정월 대보름
우리의 밸런타인데이, 경칩
찬 음식으로 죽은 자를 기린 날, 한식
여울에 빠져죽은 충신을 기린 날, 단오
오작교에서 나눈 슬픈 사랑, 칠월칠석
가배의 로맨티시즘, 한가위
동지와 크리스마스의 인연
봄과 春, 그리고 SPRING
백중날 머슴 장가간다!
흐르는 물에 머리감고 목욕하는 날, 유두

Korea
Cultural Heritage
seasonal customs   filial duty   manners

 자랑스런
한국의 세시풍속

우리나라 세시풍속의
이모저모

🏵 세시풍속(歲時風俗)이란 일정한 여건의 생활권에서 계절과 연관되어 매년 반복적으로 이루어지는 민속을 말한다. 지리, 기후, 생업이 같은 사람들은 생활관습이 비슷하고 자연히 토속적 신앙대상과 방법도 같으며, 아울러 언어·사고·놀이·먹거리 등도 같아지는데, 집중적으로 그것들이 행해지는 시기는 명절을 중심으로 이뤄진다.

우리나라의 세시풍속은 1432년(세종 14)에 완성된 〈신찬팔도지리지(新撰八道地理誌)〉에 소개되었다. 그 후 증보된 〈신증동국여지승람(각지방 중심)〉, 〈동경잡기(경주지방 중심)〉, 〈열양세시기(한양 풍속 중심)〉 등이 간행되었으나 이는 각 지방풍속을 중심으로 주로 쓰인 것들이다. 1849년(헌종 15)에 홍석모가 쓴 〈동국세시기(東國歲時記)〉는 정월(1월)부터 섣달(12월)까지 모든 세시풍속이 잘 정리되어 있는 우리나라의 세시풍속을 가장 쉽게 알 수 있는 대표적인 소개서이다.

세시풍속은 일정지역의 사람들이 어울리거나 가족들이 함께 놀고 마시며 즐기는 일들로 이루어지기 때문에 춘하추동의 계절과 계절에 관련된 명절들이 중심이 되었다. 또한 농경사회였기 때문에 농한기에 집중되어 있으며, 음력을 주로 썼기 때문에 달이 차고 기우는 것과도 깊은 관계가 있음을 알 수 있다. 연중의 명절을 음력으로 살펴보면 거의 매달 명절이 있고 그 명절을 중심으로 여러 가지 세시풍속이 깔려있음을 알게 된다.

　1월은 첫날이 설이고 15일은 대보름이며, 계절의 시작인 입춘이 들어있다. 2월은 조상의 산소를 돌보고 찬 음식을 먹는 한식(寒食)과 대동강도 풀린다는 경칩일이 있다. 3월 3일은 강남 갔던 제비가 돌아오는 삼짇날이며, 4월 8일은 부처님 오신 날인 초파일이다. 5월 5일은 그네 뛰는 단오절(端午節)이며, 6월 15일이 유두, 7월 7일이 견우직녀가 만나는 칠석(七夕), 7월 15일은 백종일(百種日, 白中)이다. 8월 15일은 차례와 성묘를 드리고 송편도 먹는 한가위(秋夕, 추석)다. 9월 9일은 중양절이며, 10월 3일이 상달이고 문중(門中)에서는 윗대 조상에게 세일사(歲一祀)를 지내는 달이기도 하다. 11월에는 연중 낮이 가장 짧고 팥죽을 먹는 동지가 있고, 12월은 환약을 짓는 날인 납일이 있으며, 그믐날을 제석(除夕)이라 하였다.

　위에서 살펴본 명절에서 발견되는 공통점은 홀수 달과 그 달과 같은 숫자가 겹치는 날이 명절임을 알 수 있다. 즉 1월 1일은 설날, 3월 3일은 삼짇날, 5월 5일은 단오절, 7월 7일은 칠석이고, 9월 9일은 중양절이다. 한편 보름날이 명절인 경우는 1월 15일이 대보름, 6월 15일은 유두, 7월 15일이 백종일, 8월 15일이 한가위다.

　이렇게 매월 명절이 있고 계절에 맞는 놀이, 먹을거리, 전통예절 등 다양한 풍속이 전해지고 있으나 지금까지 가장 많이 행해지는 큰 민속인 4대 명절은 설, 한식, 단오, 한가위이다.

나이 먹기 서러워
설인가

❁ **우리 민족의 최대 명절은 설이다.** 한때는 조상의 차례나 모시는 날쯤으로 격하되고 신정(新正)의 위세에 밀려 구정(舊正)이라는 오명을 쓰기도 했지만, 이제 '설'의 본이름을 되찾고 고유명절의 명예회복과 민족 최대 명절의 자리로 복귀하였다. 설은 5대 명절(설·한식·단오·한가위·동지) 중 하나이다.

설날의 명칭과 유래는 확실한 정설은 없으나 〈동국세시기(東國歲時記)〉에 의하면, 첫 날이라 낯이 설어 설날이라 했다는 이야기와 나이 먹기가 서러워 설날이라 했다고 전한다. 한편, 봄이 시작하는 날을 봄이 선다는 뜻으로 입춘이라 하고 가을맞이를 입추라 하듯이, 한 해가 새로 시작하는 날이니 해가 서는 날이라는 뜻으로 '설'이라 한 것으로 본다는 주장은 설득력 있는 견해로 보인다.

설은 크게 차례(茶禮)와 세배(歲拜)로 상징된다. 조상에 대한 차례와 어르신께 드리는 세배는 고유 미풍이다. 음식은 떡국이요 한과는 강정이다. 떡국의 떡가래는 마음대로 늘어나니까 수명도 늘어나라고 떡국을 해 먹었다 하며, '떡국 몇 그릇 먹었느냐'로 나이를 세기도 하였으니 떡국은 설의 대표음식이기도 하다. 설날은 새해의 첫날이므로 밝음의 표시로 흰색의 떡을 사용한 것이며, 떡국의 떡을 둥글게 하는 것은 태양의 둥근 것을 상형한 것이라고 할 수 있다. 그리고 설날에 마시는 술은 데우지 않고 찬술을 마시는데, 〈경도잡지(京都雜誌)〉에는 "술을 데우지 않는 것은 봄을 맞이하는 뜻이 들어 있는 것이다"라고 기록하고 있다. 놀이문화로는 연날리기·제기차기·널뛰기 등 겨우내 움츠렸던 하체 건강을 위한 것들이 많이 전해지고 있다.

설날의 풍속에는 반드시 그 전날인 섣달그믐의 풍속을 알아야 한다. 본시 송년이나 망년이란 말은 없었으며, 가는 세월을 잡고자 수세(守歲) 또는 마지막 밤을 보낸다고 제석(除夕)이라 하였다. 섣달 그믐날에 가는 세월이 아쉬워 밤의 시간을 붙잡고자 안방 건넌방은 물론 화장실이나 우물에도 불을 밝혔다. 아이들에게는 잠을 자면 눈썹이 희어진다고 겁을 주고, 그래도 잠을 자는 아이는 눈썹에 분이나 밀가루를 발라 희어졌다고 놀려주었다.

한편 우리 아이들은 그믐에 신발을 안고 자는 민속이 있었다. 이는 야광귀라는 귀신이 아이들 신발을 밤 사이 신어보고 맞는 신발의 주인에게 병을 준다는 전설 때문이었다. 그래서 어머니들은 문 앞에 체나 얼레미를 걸어놓았다. 호기심 많은 야광귀가 그 체의 구멍을 세다가 날이 밝으면 신을 신어보지 못한다고 믿었기 때문이다.

또한 설 전날을 까치설이라고 한 것은 까치가 길조(吉鳥)로 반가운 소식을 가져온다고 붙여진 이름이며, 새해에 좋은 일을 바라는 기대였으니 선조들의 그윽한 아름다운 마음이 곳곳에서 엿보인다.

쥐불로 액을 방지한
정월 대보름

◎ **대보름은 새해 첫 만월이자** 설이 끝나는 시점인 음력 1월 15일이다. 대보름이란 가장 큰 보름이라는 뜻이며, 년 중 가장 큰 보름날로 각별한 의미를 지닌다. 달은 농경사회인 우리 문화에서 풍요의 상징이고, 음양사상에 의하면 태양을 양이라 하여 남성, 달은 음이라 하여 여성으로 인격화하였다. 달의 상징은 여신-대지로 표상되며, 여신은 만물을 낳는 지모신(地母神)으로 출산력을 가진다. 이같이 대보름은 풍요를 뜻하며, 전통사회의 명절로 대보름(1/15)·백중(7/15)·한가위(8/15) 등은 만월을 모태로 한 세시풍속들이다.

한 해 민속의 절반 이상이 정월에 이루어질 만큼 정초와 대보름이 우리 생활에서 미치는 비중이 그만큼 컸다. 설과 대보름은 상호 보완적으로 설날이 개인적·폐쇄적·수직적이고, 피붙이의 명절임에 반하여 대보름은 개방적·집단적·수평적인 마을공동체 명절로, 두 관념이 교차하며 나에게서 우리로 확장되는 세계관을 보여준다. 개인적 기복 민속으로 부럼 깨물기,

더위 팔기, 귀밝이술 마시기, 시절음식 복쌈이나 묵은 나물먹기가 있고, 집단 민속으로는 줄다리기·다리밟기·고싸움·돌싸움·탈놀이·별신굿·쥐불놀이 등이 있다.

대보름날 새벽에 땅콩이나 잣·호두·밤 등의 부럼을 나이 수대로 깨물며 종기나 부스럼이 나지 말라고 기원하였으며, 이 같은 견과를 오도독 소리 나게 깨무는 부럼은 부스럼에서 온 말이라고 한다. 또 내내 기쁜 소식만 달라며 부녀자 애들 할 것 없이 귀밝이술(耳明酒)을 다셨다. 또 이 날은 세 집 이상의 남의 집 밥을 먹어야 그 해 운이 좋다며 오곡밥을 나누어 먹었다. 한편 더위 먹지 않고 여름을 무사히 보내기 위하여 이른 아침 친구를 찾아가 이름을 불러 대답하면 '내 더위 사가'라고 말하는데 이를 '더위 팔기'라고 한다.

풍농과 마을의 평안을 기원하며 마을 사람이 모여 지신(地神)밟기, 차전(車戰)놀이 등을 벌이고, 나쁜 액을 멀리 보내는 의미로 연줄을 끊어 하늘에 연을 날려 보냈다. 저녁에 보름달이 솟아오르면 논이나 밭 두렁에 불을 질러 잡귀와 해충을 쫓는 쥐불놀이를 하였다. 또 남녀노소가 집 근처의 다리로 나와 다리를 밟고 건넘으로써 한해의 액을 막고 복을 불러들인다고 믿어지던 다리밟기 놀이는 지금도 기억되는 민속놀이이다.

특히 쥐불놀이는 해마다 첫 쥐날(上子日) 또는 정월 대보름 전날에 농촌에서 논밭 두렁 등의 마른 풀에 불을 놓아 태우는 민속놀이로 논두렁 태우기라고도 한다. 이는 농작물에 피해를 주는 쥐와 들관의 다른 풀에 붙어 있는 해충의 알을 비롯한 모든 잡충(雜蟲)을 태워 없앨 뿐만 아니라 타고 남은 재가 다음 농사에 거름이 되어 곡식의 새싹이 잘 자라게 하기 위한 소망이 담겨 있다. 또 민간신앙에서 보면, 이날의 쥐불이 모든 잡귀와 액을 쫓아 1년 동안 탈 없이 잘 지낼 수 있다고 믿었다.

대보름 저녁에 하는 쥐불놀이는 장관을 이룰 만큼 아름다움을 연출한다.

〈동국세시기〉에 의하면 대보름에도 섣달 그믐날의 수세(守歲, 등불을 켜고 밤을 새는 일)하는 풍속처럼 온 집 안에 등불을 켜놓고 밤을 새운다는 기록이 있다. 중국은 한나라 때부터 대보름을 8대 축일의 하나로 중요시 하였고, 일본은 소정월(小正月)이라 하여 공휴일로 정해 명절로 삼고 있다. 대보름의 풍속은 우리 선조들의 주된 관심인 가족의 건강과 풍농을 기원하는 의미에서 유래되었다 하겠다.

우리의 밸런타인데이, 경칩

⊛ 개구리가 겨울잠에서 깨어난다는 경칩(驚蟄)은 봄을 알리는 전령사이다. 24절기 중 입춘, 우수에 이어 세 번째의 절기로 봄 내음을 풍기는 음력 2월 절기며, 양력으로는 3월 6일경부터 춘분(春分, 3월 21일경) 전까지이다. 경칩에는 초목에 물이 오르고 겨울잠을 자던 동물과 벌레들이 깨어나 꿈틀거리기 시작한다. 이러한 뜻에서 놀랄 경(驚)과 숨다/움츠리다의 칩(蟄) 자를 사용하여 경칩(驚蟄)이라 쓰고 있다.

개구리들이 봄을 맞아 물이 괸 곳에 까놓은 알을 먹으면 아픈 허리와 몸에 좋다고 해서 경칩날 개구리 알 찾기가 벌어진다. 지방에 따라선 도롱뇽 알을 건져 먹기도 한다. 토역(土役, 흙일)을 하면 탈이 없다고 해서 담벼락을 바르거나 담장을 쌓고, 벽을 바르면 빈대가 없어진다고 하여 일부러 흙벽을 바르기도 한다. 빈대가 심한 집에서는 물에 재를 타서 그릇에 담아 방 네 귀퉁이에 놓아두면 빈대가 없어진다는 속설도 있다. 경칩은 동물뿐 아니라 식물도 완전히 겨울잠을 깨는데 이를 '식물기간'이라 한다. 보리, 밀, 시금치, 우엉 등 월

동에 들어갔던 농작물들도 생육을 개시한다.

　이때 농촌의 봄은 바야흐로 시작된다. 씨뿌리는 수고가 없으면 결실의 가을에 거둘 것이 없듯, 경칩 때부터 부지런히 서두르고 씨 뿌려야 풍요로운 가을을 맞을 수 있다. 경칩 날에 보리 싹의 성장을 보아 그해 농사의 풍흉을 점치기도 하였다. 예나 지금이나 새봄의 통통한 미나리 맛은 봄의 싱그러운 향수이며, 단풍나무나 고로쇠나무의 수액은 성병이나 위장병에 효과가 있다고 해서 약으로 먹는데 아직도 고로쇠나무의 물은 애용되고 있으며 인기가 대단하다. 이처럼 경칩은 봄의 상징이며 한 해의 시작이었다.

　'청춘은 봄이요 봄은 꿈나라'라고 하였다. 봄은 가히 청춘 남녀들의 계절이며, 이는 동서양과 동서고금이 같은 모양새다. 고대 로마에는 2월 보름께 '루페르카리아'라는 축제날에 젊은 아가씨의 이름을 적은 종이쪽지를 상자에 넣고 동수의 총각이 뽑아 짝을 지어 주는 풍습이 있었다. 서양의 밸런타

인데이(2월 14일)도 봄의 길목에 있고, 우리나라에도 은밀하게나마 연인의 날이 있었다. 만물이 깨어난다는 경칩(驚蟄)이면 남녀가 사랑을 확인하는 징표로 은행씨앗을 선물로 주고받으며, 오늘의 초콜릿이 아닌 은행을 은밀히 나누어 먹는 풍습이 있었다. 우리 고유의 연인의 날인 셈이다.

은행나무는 수나무와 암나무가 따로 있어 바라보는 것만으로 사랑이 오가서 열매를 맺게 해주므로 순결한 사랑의 상징이며, 씨앗을 심어 싹을 틔우는 것은 천 년을 이어가는 영원한 사랑을 의미하였을 것이다. 옛 문헌〈사시찬요(四時纂要)〉에 보면, 처녀 총각이 어두워질 때 동구 밖의 수나무와 암나무를 도는 것으로 사랑을 나눴다고 한다. 이처럼 사랑을 동물성에서 식물성으로, 구상(具象)에서 추상(抽象)으로 승화시킨 우리 선조들의 풍류는 참으로 여유롭고 멋이 있었다.

봄에 대한 느낌은 어느 나라, 어느 민족이나 한가지인 것 같다. 뽕나무 새순이 돋는다는 한자의 춘(春)이나 생기가 솟아올라 온다는 영어의 spring이 모두 자연이 주체인 자연 중심의 말인데 비하여, 우리의 봄은 사람이 주체가 된 대자연의 생기를 새롭게 본다는 인간 중심의 명칭임을 알 수 있다. 여기서 우리는 다시 한 번 선조들의 지혜와 슬기에 절로 머리가 숙여진다. 봄은 희망, 새로움 그리고 젊음이다.

찬 음식으로 죽은 자를 기린 날, 한식

◉ **한식은** 우리나라의 4대 명절(설, 한식, 단오, 한가위) 중 하나로서 조상의 묘지를 손보는 날이며 모든 음식을 차게 먹는 날이기도 하다. 한식날은 전 해의 동지(冬至)로부터 105일째 되는 날로 대개 양력 4월 5일이나 6일이 되기 때문에 보통 식목일(양력 4월 5일)과 겹치게 된다. 청명은 한식의 하루 전이거나 같은 날이 되기도 하여 '청명에 죽으나 한식에 죽으나 마찬가지'라는 말이 나오게 되었다.

설이 한 해의 첫 날을 축복하는 날로 살아있는 자의 명절이라면, 한식에는 묘지 돌보는 일을 하고, 조상의 산소 앞에 계절음식을 차리어 차례(茶禮)를 올렸으니 한식은 유일하게 죽은 자를 위한 명절인 셈이다. 한식에는 화전(花煎)이라 하여 진달래 꽃잎을 쌀가루 부침에 얹어서 부쳐 만들어 조상에게 바치고 먹기도 하는데 이는 진귀한 한식의 계절음식이다. 이에 반하여 한가위(음력 8월 15일)는 결실의 계절로 가족이 모여 즐기고 조상에게는 산소 가꾸기와 명절음식으로 예(茶禮, 차례)를 드렸으니 산 자(자손)와 죽은 자(조상)를 위한 명절이라 할 수 있다.

한식(寒食)의 명칭은 찰 한(寒)과 먹을 식(食)의 글자 뜻에서 보듯이 모든 음식을 차게 먹는 날이다. 이에 대한 유래를 살펴보자.

　우리나라에서는 한식날에 임금이 새로운 불씨를 나누어주는데 새 불씨를 받기 위하여 묵은 불씨를 미리 없애므로 불이 없어서 찬 음식을 먹게 되었다 한다. 한편 중국의 춘추시대 진(晉)나라에 문공(文公)의 부왕(父王)이 상처하여 계모 왕비를 얻었는데 그 소생으로 왕자가 2명이 있었다. 계모가 자기 아들의 왕위계승을 위하여 문공을 죽이기로 하고 빈 전각에 어린 문공을 가두고 궁녀로 하여금 불을 지르게 한다. 이를 눈치 챈 개자추(介子推)라는 충신이 문공을 불길 속에서 구하여 19년을 숨어살면서 정성껏 키웠다. 계모의 아들인 2명의 왕자가 왕위를 계승하였으나 2년을 채우지 못하고 죽으니 문공이 왕위를 계승하게 된다.

왕이 된 문공이 충신인 개자추에게 벼슬을 주려하나 직책에 걸 맞는 특별한 재능이 없어 고심을 거듭하게 되자 개자추가 왕의 고민을 덜어주기 위하여 깊은 산 속에 들어가 숨어살았다. 왕이 이를 안타까이 여겨 나오기를 권유하나 거절하므로 신하로 하여금 산에 불을 질러 나오도록 하라고 명령하였다. 개자추는 끝내 나오지 않고 노모를 끌어안고 죽은 시체가 되어 있었다. 왕이 이를 슬퍼하여 그날은 불을 못 쓰게 하였으므로 이때부터 찬 음식을 먹게 되었다는 것이다.

한식은 조상의 산소에 산역(山役, 묘를 만들거나 이장하는 일)을 많이 하는 때라 산에서 음식을 데우기 위해 불을 피우다가 건조기에 산불이 일어나기가 쉽다. 또 고사리 캐는 사람들이 불을 놓아 풀을 없애고 재가 거름이 되게 하면 다음해에 뜯기가 좋다하여 방화하는 경우도 있었으니 산불방지책으로 불을 쓰지 못하게 하여 찬 음식을 먹게 한 것으로 여겨진다.

여울에 빠져죽은 충신을 기린 날, 단오

◈ 음력 5월 5일은 단오(端午)다. 단오는 봄이 가고 여름이 오는 초입이고 농번기의 틈새에 낀 명절이기도 하다. 춘향전의 주인공 성춘향과 이몽룡의 러브스토리가 남원 광한루의 단오절 그네뛰기에서 시작되는 것처럼 낭만이 서려있고 많은 민속이 숨 쉬고 있다. 단오를 우리말로는 '수릿날' 이라고도 하는데 우선 그 명칭의 유래부터 살펴보자.

1년은 12달. 6갑(甲)의 지지(地支)도 12(子丑寅卯辰巳午未申酉戌亥, 자축인묘진사오미신유술해)인데, 매월 한 자씩의 12지지가 12개월로 나뉘게 된다. 그 중 인(寅)부터 1월로 하여 1월은 인(寅)월, 순서대로 2월은 묘(卯)월, 5월은 오(午)월이 된다. 오(午)월 오(五)일은 음이 같아서 오(午)가 겹친 것으로 보아 중오(重午)라 하였고, 단(端)은 바르다는 뜻이니 오(午)가 겹쳐 진짜 오(午)라는 뜻으로 단오(端午)라 하였다.

한편 중국 전국시대의 초나라에 굴삼례라는 충신이 있었는데 임금이 자기를 버리자 멱라수라는 강의 여울에 빠져 죽었다. 그 날이 5월 5일로, 사람들이 충신의 죽음을 슬퍼하여 여울에 음식을 던지며 굴삼례를 제사지냈다. 여울을 한자로 수뢰(水瀨)라고 하므로 5월 5일은 수뢰에 제사지내는 날이라는 뜻으로 '수뢰날', 이것이 발음하기 쉽게 '수릿날'이 되었다고 전한다.

5월은 쑥이 가장 좋은 때이다. 쑥은 단군설화에 곰과 호랑이가 사람이 되기 위해 쓰였다는 영초(靈草)이며 냄새도 향기로워 옛날에는 향 대신 쑥을 태웠다. 5월이면 쑥을 말려 약재로도 쓰고, 수릿날 만든 쑥떡이 수리떡인데 별미다. 수뢰(여울)에 음식을 던지며 굴삼례를 기리던 풍속이 음이 비슷한 수레(車)에 수레 모양의 쑥떡을 던지며 액막이를 기원하는 것으로 바뀌었고 떡 이름도 '수레(리)떡'이라 하게 되었다.

단오는 더운 여름이 오기 전 모내기를 끝내고 풍년을 기원하는 제사였다. 그만큼 농사와 관련이 깊은 명절이며, 곧 장마철로 접어들 무렵이기 때문에 나쁜 병의 재앙을 막고자 하는 지혜가 엿보인다. 창포물에 머리를 감는 건 청결과 피부병 예방을 위한 것이며, 궁중에서 제호탕, 옥추단, 단오선(부채)을 만들어 임금에게 진상하고, 임금은 또 이를 신하들에게 하사한 것은 건강과 더위를 대비하기 위한 지혜였다. 대추나무 시집보내기는 대추나무 가지 사이에 돌을 끼워 많은 열매가 열리기를 바라는 염원이고, 쑥과 익모초 뜯기와 부적 만들기, 단오비녀 꽂기 등은 건강식과 복을 빌고 귀신을 쫓는 민속이다.

그네뛰기는 여성들의 대표적 놀이다. 멋스런 한복의 부녀자들이 치마폭을 바람에 날리며 하늘로 치솟는 모습은 한 폭의 그림이다. 이와 쌍벽을 이루는 것이 남성들의 씨름이다. 씨름대회에서 이기는 사람에게 황소를 상품으로 주었고, 경기방식은 지금처럼 토너먼트식이 아닌 도전자를 모두 이겨 상대가 없으면 우승이었다. 중국에서는 이를 고려기(高麗技)라고 한 것을 보면 우리의 고유민속이었던 것 같다. 단오는 설, 한가위, 한식과 함께 우리의 4대 명절이다.

오작교에서 나눈 슬픈 사랑, 칠월칠석

🏵 **칠월칠석**(음 7월 7일)은 잊혀져가는 우리의 민속절이다. 칠석날 저녁엔 은하수 양편의 견우성(牽牛星)과 직녀성(織女星)이 1년에 한 번 만난다는 전설과 이를 제사지내는 행사가 있었다. 민간에서는 더위와 장마가 좀 줄어들고 호박, 오이 등이 풍성한 때라 호박부침을 만들어 빌었다. 칠석은 시기적으로 두 별이 은하수를 중심으로 매우 가까워지는데 이러한 현상이 설화를 낳았다. 동양에 널리 알려진 이야기로 가장 오래된 기록은 중국의 〈형초세시기(荊楚歲時記)〉에 있고, 우리나라도 409년 축조된 평양 덕흥리(德興里) 고구려 고분벽화에 견우직녀가 그려져 있다.

사랑 이야기는 언제나 감동스럽다. 특히 그 내용이 장렬한 비극적 사랑이라면 더욱 그러하다. 셰익스피어의 〈로미오와 줄리엣(Romeo and Juliet)〉은 서로 반목하는 양 명문가의 남녀로서 운명적 사랑과 순간의 시차로 연거푸 자살하는 비극적 종말로 손에 땀을 쥐게 하는 명작이기도 하다. 이에 비해 견우와 직녀는 아직 죽지 않고 우리와 함께 살아있으며, 지금도 칠월칠석이면 은

고분에 그려져 있는 견우 직녀의 모습

하수라는 운명적 갈림길에서 슬픈 사랑을 나누는 러브스토리이며 애잔한 감동이 서려있는 우리들의 오랜 설화이다.

　옛날, 하늘나라 임금에게 착하고 예쁜 직녀라는 딸이 하나 있었다. 임금은 배필을 구하려고 자기네 별뿐 아니라 다른 별나라에도 널리 알렸다. 마음에 드는 신랑감 견우와 혼인한 남녀는 행복하였다. 이들은 너무 행복한 나머지 자신들이 해야 할 일을 잊고 게을러져 마침내 임금의 분노를 산다. 임금은 이들에게 '이제부터 직녀는 은하수 서쪽에서 베를 짜고 견우는 은하수 동쪽에서 소를 치라'는 명령을 내린다. 견우와 직녀는 용서를 빌었지만 임금은 마음을 움직이지 않고 대신 1년에 음력 칠월 칠일 딱 한 번 만날 수 있게 해주었는데 이것이 바로 칠석날이다.

　견우직녀가 1년을 기다렸으나 은하수가 두 사람 사이를 가로막고 있었다.

이들이 슬프게 우는 모습을 본 까마귀와 까치들은 너무 불쌍해 하늘로 올라가 머리를 이어 다리를 놓아 주는데 이것이 오작교(烏鵲橋)이다. 그래서 칠석이 지나면 까막까치의 머리가 모두 벗겨져 돌아온다고 한다. 이 날 오는 비가 그들이 기뻐 흘리는 눈물인 칠석우(七夕雨)이고, 전하는 노래로 칠석요(七夕謠)가 있다.

칠월칠석 오늘밤은 은하수 오작교에
견우직녀 일년만에 서로반겨 만날세라
애야애야 애야좋네 칠석놀이 좀더좋네(후렴)
닭아닭아 우지말아 네가울면 날이새고
날이새면 임은간다 이제다시 이별하면
일년삼백 육십일에 임그리워 어이살지
우지마라 우지마라
원수로다 원수로다 은하수가 원수로다

신화는 '옛날 이야기'란 식으로 단순하게 이해하기 쉽다. 그러나 신화란 까마득한 과거에만 국한되지 않으며, 늘 그것들을 상상하고 있는 지금의 우리네 삶 속에 존재한다. 나를 드러내며 존재하게 만드는 행위와 매일 꾸는 꿈과 각종 종교적인 제의에도 살아 숨 쉰다. 따라서 신화를 이해한다는 것은 단지 과거를 알아내는 의미 외에도, 오늘을 알고 나아가 내일을 살아가기 위한 작업이라 할 수 있다. 더욱이 글로벌시대에 나의 정체성이 요구됨에 따라 건전 전통문화의 재발견과 육성이 절실한 상황이다.

가배의 로맨티시즘,
한가위

❋ **예전에 우리는 보름달을 보고** 계수나무 아래서 토끼가 방아를 찧는다고 믿었다. 어려웠던 시절 방아 찧는 상상만으로도 풍요로웠으리라. 인도와 중앙아메리카에서도 우리처럼 달에서 토끼를 보았으며, 유럽에서는 보석 목걸이를 한 여인의 옆얼굴과 책 또는 거울을 들고 있는 여인을 상상했고, 두꺼비·당나귀·사자의 모습을 생각한 나라도 있다. 우리나라는 보름달이 뜨는 정월대보름과 한가위 등이 풍요로운 명절이지만, 서양에서의 달은 주로 마귀할멈이나 늑대인간 등 무서운 악령과 연관되어 할로윈데이(Halloween day) 등 귀신의 날이기도 하니 세시풍속도 나라와 민족에 따라 다른 것 같다.

한가위의 유래를 살펴보면 2천여 년 전으로 거슬러 올라간다. 〈삼국사기〉에 보면 서기 32년, 신라의 3대 유리왕이 경주에 육부(六部)의 마을이름을 고치고 각 부마다 성씨를 내려주었다.

왕은 육부를 두 편으로 나누고, 두 왕녀로 하여금 각각 부내의 아낙네들을 거느려 편을 짜게 하였다. 두 편이 7월 16일부터 한 달 동안 매일 새벽부터 밤 10시경까지 큰 부의 뜰에 모여 삼베 길쌈내기를 하고 8월 15일에 이를 심사하여 진편이 이긴 편에 술과 음식을 대접하고 즐겼는데 이를 '한가위'라 하였다. 이때 노래와 춤이 이어지고 널뛰기, 강강수월래, 조리지희(照里之戱, 줄다리기), 포계지희(捕鷄之戱, 닭붙잡기) 등의 놀이가 있었으며, 남녀의 구별이 엄했던 시절에 줄다리기나 닭붙잡기를 하다가 남녀가 엉키고 쓰러지기도 하여 크게 웃고 즐겼다. 이런 놀이를 통하여 서로 알 수 있는 기회를 주었다 한다.

이런 놀이를 가배(嘉俳)라고 하였는데, 이것이 '가위'로 소리 내다가 가장 크다는 뜻으로 '한가위'가 되었다. 가을달이 밝은 날이라 추석(秋夕) 혹은 중추절(仲秋節)이라고도 하나 이는 한자 문화권의 말이니 우리 고유이름인 한가위라 함이 좋다.

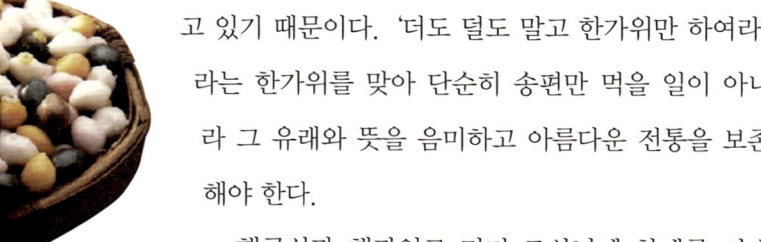

한가위에 먹는 송편
형형색색 아름다운 모양이 입맛을 자극한다.

한가위의 명절식은 송편과 토란국이다. 송편이 반달인 이유는 반달이 점점 커져서 온전한 달이 된다는 미래지향적인 뜻을 담고 있기 때문이다. '더도 덜도 말고 한가위만 하여라'라는 한가위를 맞아 단순히 송편만 먹을 일이 아니라 그 유래와 뜻을 음미하고 아름다운 전통을 보존해야 한다.

햇곡식과 햇과일로 먼저 조상님께 차례를 지내고 성묘를 가는 것은 조상을 섬기고 자손의 번영을 살피는 우리의 오랜 전통이다. 객지생활로 오랫동안 뵙지 못한 부모님과 고향 어른들도 찾아뵙는 우리의 전통문화는 서양인이 부러워하는 경로효친과 가정을 중시하는 우리만의 아름다운 풍속이기도 하다. 비록 고속도로가 주차장이 되는 진풍경을 낳지만 이때처럼 한마음 한뜻이 되는 민족공동체 의식은 돈으로 살 수 없는 값진 것이며 한 폭의 그림과도 같은 훌륭한 민속이 아닐 수 없다. 소위 동북공정과 한가위까지 넘보는 중국이 아니더라도 우리 것을 스스로 지키고 가꾸지 못하면 고유문화도 남의 것이 될 수밖에 없다는 사실을 명심해야 하겠다.

동지와 크리스마스의 인연

❈ 동지(冬至)는 일 년 중 밤이 가장 길고 낮이 가장 짧은 날이다. 긴긴 겨울밤에 가족들이 둘러앉아 팥죽을 오순도순 나눠 먹는 모습은 생각만 해도 정겨운 일이다. 동지의 유래와 팥죽을 끓여먹는 의미를 아는 것도 잊혀져 간 전통문화를 돌아보고 우리의 참 모습을 익히는 일이 될 것이다. 하지로부터 낮은 점점 짧아지고 긴 겨울밤은 드디어 동짓날에 극에 달하며, 다음날부터 서서히 낮이 길어지기 시작한다. 옛 사람들은 이 날을 '태양이 죽음으로부터 부활하는 날'로 생각하였다. 중국 주(周)나라가 동지를 설로 삼은 것은 이 날을 생명력과 광명의 부활이라고 생각하였기 때문이다.

우리 민족은 음력 11월을 동짓달이라고 하며, 이 달 중 밤이 제일 길고 낮이 가장 짧은 날을 동짓날이라고 하였다. 〈동국세시기(東國歲時記)〉에 의하면, 동짓날을 '아세(亞歲, 다음 해가 되는 날)'라 하고, 민가에서 흔히 '작은 설'이라 하였으며, 그 풍습이 지금도 "동지팥죽을 먹어야 진짜 나이를 한 살 더 먹는다"

라는 말로 전해온다. 특히 태양신을 숭배하던 페르시아의 미트라교에서는 12월 25일을 '태양 탄생일'로 축하하였고, 태양숭배의 많은 풍속이 로마에서도 크게 유행하였는데, 4세기경부터 현재 기독교의 크리스마스로 대체된 것으로 보인다.

전해져 오는 동지의 유래를 보면, 중국 진나라의 공공씨(共工氏)에게 망나니 아들이 하나 있었다. 마침 동짓날에 죽었는데 역신 천연두가 되어서 나타났다. 마을 사람들의 천연두 전염을 우려한 공공씨가 아들이 생전에 붉은 팥을 무서워했던 기억을 떠올려 팥죽을 만들어 악귀를 쫓았다고 한다. 이날 이후로 사람들은 악귀를 물리치기 위하여 팥죽을 쑤었고, 지금도 동지에 팥죽을 먹어야 건강하고 병치레를 하지 않는 것으로 전해진다.

동지팥죽은 팥을 고아 죽을 만들고 찹쌀로 '새알심'를 만들어 넣어 끓인다. 팥죽을 만들면 먼저 조상에게 바치고 각 방과 장독 등 집안의 여러 곳에 담아 놓았다가 식은 다음에 먹었다. 동짓날의 팥죽은 계절식이면서 축귀(逐鬼, 귀신을 쫓음) 기능이 있다고 여겼으며, 팥죽을 대문에 뿌리는 것 역시 악귀를 쫓는 주술행위의 일종이라 할 수 있다. 팥은 색이 붉어 잡귀를 쫓는 데에 효과가 있다고 믿었으며, 민속으로 널리 활용되었다. 이는 음양사상(陰陽思想)의 영향으로, 팥의 붉은색이 양(陽)이니 음(陰)의 속성인 잡귀를 물리치는 것으로 인식했던 것 같다. 고려 때는 없던 주술 풍습이 조선시대부터 유래한 것이다.

팥죽의 새알심을 나이대로 먹어야 진짜 나이를 먹는다고 믿는 풍습도 있다.

봄과 春, 그리고 SPRING

❀ **봄은 새 각시처럼** 새로운 시작이며 항상 가슴 설레는 계절이다.

어떤 사람은 밤새 실비를 타고 온다고 하며, 누구는 먼 남쪽나라 완행열차의 기적소리를 듣고 온다고도 하나 정차시간이 너무 빨라 축제처럼 뿌리고 간 꽃구경을 제대로 할 여유조차 없이 떠나는 것이 또한 봄의 아쉬움이다. 봄의 상징은 꽃이며 흔히 개나리, 벚꽃, 진달래를 말하지만, 우리나라의 봄은 아마도 제주도의 유채꽃 소식으로부터 오는 것 같다.

풀잎도 새싹이 트고 동식물들이 온통 생동하는 계절을 가리키는 봄이라는 이름은 순수 우리말이다. 한자의 춘(春)과 영어의 'Spring' 등과 비교하여 한 번 살펴보도록 하자.

순우리말인 봄의 어원에 관하여 두 가지의 설이 내려오고 있다.

어떤 이는 불의 옛말 '블(火)'과 오다의 명사형인 '옴(來)'이 합하여 '블+옴'이 되는데, 'ㄹ'받침이 떨어져 나가면서 '봄'이 된 것이라며, 봄의 뜻을 따뜻한 불의 온기가 다가옴을 가리키는 것으로 본다. 그러나 우리말의 봄은 '보다(見)'라는 동사의 명사형 '봄'에서 온 것이라고 보는 견해가 보다 근거 있는 어원으로 보이며 정설로 보인다.

봄비가 오는 우수(雨水)가 지나면 얼어붙었던 얼음이 녹고, 새싹이 서서히 용솟음치면서 활기찬 새 생명의 힘으로 굳은 땅덩이를 불쑥 밀어 깨뜨리며 솟아오르는 모습을 볼 수 있다. '봄'이란 이 장엄한 자연의 현상을 인간의 주체인 내가 본다는 의미이다. 잠들었던 미물도 꿈틀거리고 이름 모를 멧새들이 아름다운 목소리로 사랑의 노래를 구가하는 이 위대한 자연의 활기찬 모습을 '새로 본다'는 뜻으로 새봄이란 준말도 생겼으리라.

중국의 한자로 봄을 뜻하는 '춘(春)'의 뜻과 의미를 살펴보면 흥미롭다. 이 글자는 원래 두 상형문자를 합해서 이루어진 회의문자(會意文字, 둘 이상의 한 자가 합하여 뜻이 합성된 글자)이다. 뽕나무 상(桑) 자의 옛 상형문자와 해를 뜻하는 날 일(日) 자의 옛 상형문자를 합한 회의문자가 춘(春)의 옛 글자이다. 따라서 봄을 가리키는 한자 춘(春)은 따사한 봄 햇살을 받아 뽕나무의 새 움이 힘차게 돋아 나오는 날을 뜻하고 있음을 알 수 있다.

흔히 우리는 중국 사람을 '비단장사 왕 서방'이라 말하는 것을 들어봤을 것이다. 중국대륙을 횡단하는 대장정(長程)을 실크로드(비단길)라 일컫는 것을 보더라도, 일찍부터 이곳에서는 뽕나무를 잘 가꾸고 누에를 쳐서 비단을 생산하여 이것으로 이름을 얻고 치부하며 세계적인 비단 수출국으로 활동한 나라라는 것을 짐작케 한다. 봄 춘(春) 자가 뽕나무 움돋는 날이라는 뜻으로 생긴 이름이라는 점도 매우 인상적일 뿐더러 흥미롭고 수긍이 간다.

이러한 뜻은 영어권에서 봄을 가리키는 'Spring'에서도 찾아볼 수 있다. 영어의 Spring이라는 단어는 원래 돌 틈 사이에서 맑은 물이 콸콸 솟아나오는 옹달샘을 뜻하는 말이다. 이는 '솟아나온다'는 뜻을 담아 땅을 뚫고 새 움이 돋아나오고, 죽은 것처럼 앙상하게 메말라 보이던 나뭇가지에 파란 잎이 새로 돋아나오며, 꽃잎이 터져 나오고, 겨울잠을 자던 개구리도 뛰쳐나온다는 뜻으로 이어지다가 오늘의 Spring(봄)으로 정착되었다.

우리나라 봄 절기의 이름에 얼음을 녹이는 봄비가 내린다는 뜻을 가진 우수(雨水)와 얼음이 녹아 깨져 나가는 소리에 놀라 겨울잠에서 개구리도 깨어나 뛰쳐나온다는 뜻을 담은 경칩(驚蟄)이 있다. 이것이 한자의 춘(春)이나 영어의 Spring과 마찬가지로, 그 뜻과 맥을 같이 하고 있다는 것은 어쩌면 자연스런 일인지도 모른다. Spring이 용수철이라는 쇠붙이 이름으로 사용되고 있는 것도 튕겨 솟아나오는 힘을 근거로 하여 그것을 상징한 것임을 알 수 있다.

봄에 대한 느낌은 어느 나라 어느 민족이나 매한가지인 것 같다. 다만 뽕나무 새순이 돋는 날임을 가리키는 한자 춘(春)이나, 삼라만상의 생기가 새로 솟아올라 온다는 뜻을 담은 영어의 Spring의 어원이 모두 자연이 주체로 솟아오른다는 자연중심의 명명법인데 반하여, 우리의 봄은 사람이 주체로 대자연의 움돋는 생기와 활동을 본다는 인간중심의 명명법에 의한 것임을 알 수 있다. 자연중심의 명명법에 의한 이름보다는, 사람이 주인이며 주체가 되어 자연현상을 본다는 우리나라의 봄이 훨씬 차원 높은 이름인 것 같아 왠지 선조들의 슬기가 자랑스럽고, 우리나라 말과 전통문화의 깊이에 새삼 놀라지 않을 수 없다.

백중날
머슴 장가간다!

◉ 백중(百中)은 음력 7월 보름이고, 백종(百種) 또는 망혼일(亡魂日)이라고도 하며, 호미씻이·머슴날 등 그 이름과 뜻도 다양하다. 백중과 백종은 여러 가지 과실과 채소가 나와 '백 가지 곡식의 씨앗'을 갖추었다는 뜻이다. 망혼일(亡魂日)은 돌아가신 부모님의 혼을 위로하기 위하여 술과 음식, 과일을 차려 놓고 천신(薦新, 철따라 새로 난 과실이나 농산물을 놓고 신에게 제사드리는 일)을 드린 데에서 비롯되었다.

농촌의 7월은 바쁜 농번기를 보낸 뒤이면서, 한편으로는 가을 추수를 앞둔 달이어서 잠시 허리를 펼 수 있는 시기이다. 힘든 농사일도 거의 끝나 호미를 거둘 때가 되었다고 '호미씻이' 또는 '호미씻기'라 하였으며, 이날은 농사가 잘된 집의 머슴을 뽑아 상을 내리고 술로 노고를 위로하였다. 요즘 같으면 일종의 '근로자의 날'인 셈으로 '머슴 날'이라고도 부른다.

백중에는 몇 가지 설이 있다. 하나는 불가에서 전해진 유래로, 〈동국세시기(東國歲時記)〉에 '불가의 중들이 재를 올리고 불공을 드리는 큰 명절로 여겼다'는 기록이 있다. 고려 때는 부처를 숭상하고 이날이 오면 불당에서 우란분회(盂蘭盆會)라는 재를 올리는데, 음식을 부처님께 공양하고 또한 조상의 영전에 바치는 행사이다. 이 같은 고려의 풍속이 조선조에 와서 억불숭유정책으로 승려들만의 불교의식이 되었다. 한편 각 가정에서는 익은 과일을 따서 사당에 천신(薦新)을 올렸다.

한편 제주도의 설화는 좀 다르다. 진성기의 〈남국의 민속(下)〉에 의하면 백중을 농신(農神)이라 여기는 다음과 같은 기록이 있다.

"제주도의 목동이 곡식과 가축을 지키려고 옥황상제의 명을 어겼는데, 이로 인해 노여움을 받아 스스로 자결하였다. 그 후 농민들이 그가 죽은 날을 백중이라 하여 제사지내고 그의 영혼을 위로했다."

이를 볼 때 백중은 본시 우리나라 고대의 농신제일(農神祭日)이었던 것이 삼국시대 이후 불교의 우란분회의 영향으로 그 원래의 의미가 상실된 것으로 추정된다.

백중을 전후해서 시장이 서는데, 이를 백중장(百中場)이라고 한다. 잠시 일손을 멈추고 천신의례 및 놀이판을 벌여 노동의 지루함과 더위로 지친 건강을 회복하게 하였다. 이날은 머슴과 일꾼들에게 아침상과 새 옷과 돈도 주었는데, 이 같은 특별보너스를 '백중 돈 탄다'고 하였다. 백중 돈을 탄 이들은 백중장에 나가 물건을 사거나 하루를 즐겼다. 시절음식으로 증편, 밀전병, 육개장, 게, 전유화, 오이김치, 깻국탕, 김칫국, 냉면, 어채, 열무김치, 생실과 등이 있다.

백중장에는 일용품뿐만이 아니라 풍물놀이와 씨름대회 등 갖가지 오락과 흥미 있는 구경거리가 있어 농사에 시달렸던 일꾼들이 마냥 즐길 수 있는 머슴 날로, 요새 시쳇말로 근로자의 날 쯤 되는 셈이다. 백중은 이처럼 놀고 쉬는 날이지만 제주도에서는 백중날에 살찐 해산물들이 많이 잡힌다고 하여 오히려 쉬지 않고 밤늦도록 해산물을 채취하기도 하고, 백중에 익은 오곡과 산과(山果)를 사람들이 다 따 가면 허전하여 샘을 낸다고 하여 산신제를 지내기도 하였다.

한편, 농신제(農神祭)와 더불어 집단놀이로 행해지는 '백중놀이' 가 있었다. 이 놀이는 농촌에서 힘겨운 세벌논매기를 끝내고 여흥으로 여러 가지 놀이판을 벌여 온 데서 비롯된 것으로서 일종의 마을잔치이다. 이날은 그해에 농사가 가장 잘 된 집의 머슴을 장원으로 뽑아 소에 태워 마을을 돌며 즐겼다. 이를 '호미씻이' 라 한다. 호미씻이는 지방에 따라서 초연(草宴), 풋굿, 머슴날, 장원례(壯元禮) 등 다양한 명칭으로 불린다.

마을 사람들은 장원한 집의 머슴 얼굴에 검정칠을 하고 머리에 삿갓을 씌우는 등 우습게 꾸며, 지게나 황소 등에 태워 집집마다 돌아다닌다. 그 집주인은 이들에게 술과 안주를 대접하고, 마을 어른들은 머슴이 노총각이거나 홀아비면 마땅한 처녀나 과부를 골라 장가를 들여 주고 살림도 장만해 주었다. 옛말에 "백중날 머슴 장가간다"라는 말이 여기에서 비롯되었다. 삼국시대 이전에 벌써 근로자 휴가와 장원머슴 및 보너스와 혼인을 지원하는 후생제도가 있었다니 놀랍다.

흐르는 물에 머리감고 목욕하는 날, 유두

유두(流頭)란 흐르는 물에 머리를 감는다는 뜻으로 동류수두목욕(東流水頭木浴)이란 말에서 나온 것이며, 일부 지방에서는 '물맞이'라고도 한다. 음력 6월 보름인 유두는 계절적으로 가장 무더우며, 삼복(三伏)이 들어 있는 때라서 보신탕, 삼계탕 등 영양 있는 음식으로 몸을 보(補)하고, 정갈하게 하여 건강과 위생을 지켜야 하는 시기이다.

그래서 유두날에는 맑은 개울을 찾아, 특히 동쪽으로 흐르는 물에 머리를 감으며 하루를 즐겼다. 그러면 상서롭지 못한 것을 쫓고 여름에 더위를 먹지 않는다고 믿었다. 그래도 더위와 질병에서 자유로울 수 없었으므로 재액(災厄)을 면하려는 액막이 풍습이 있었으며, 이 무렵에 나는 시절과일과 음식으로 제사를 드려 조상께 감사드렸다.

이러한 풍속은 신라시대나 그보다 훨씬 이전부터 있었던 것으로 여겨진다. 예부터 "6월 보름은 유두일이다. 삼복이 낀 무더운 시기이며 동쪽으로 흐르는 물에 머리를 감고 물맞이를 하여 불길한 것을 씻고 더위와 액막이를 했다"는 기록이 있다. 최남선의 〈조선상식(朝鮮常識)〉과 이승만의 〈풍류세시기(風流歲時記)〉에서는 좋은 물맞이 장소로, 서울의 정릉계곡·광주의 무등산 물통폭포·제주도의 한라산 성판봉폭포 등이 소개되어 있다. 유두를 수두(水頭)라고도 하는데, 수두는 '물 마리(머리의 옛말)'이니 '물맞이' 라는 뜻이다. 지금도 경상도 지방에서는 유두를 물맞이라고 하는 것을 보면 신라 때의 '물맞이' 풍속이 한자로 표기된 것으로 보인다.

흐르는 물에 몸을 씻는 것은 물의 정화력으로 심신의 더러움을 씻는다는 세계 보편적 현상인 것 같다. 중국의 상이계욕·인도의 항하침욕 등의 풍속이나, 종교적으로는 불교의 관정(灌頂)·기독교의 세례(洗禮)도 이와 비슷한 현상으로 봐야 할 것이다.

유두 무렵이면 새로운 과일이 나고 곡식이 여물어 가는 시기이기도 하다. 유두에는 참외, 수박 등 햇과일과 국수와 떡을 준비하여 사당에 올리는 제사인 유두천신(流頭薦新)을 들였다. 조상숭배가 강했던 옛날에는 햇과일도 조상에게 먼저 올린 다음에 먹었다. 선비들은 술과 고기를 장만하여 계곡이나 정자에서 풍월을 읊으며 하루를 즐기는 유두연(流頭宴)을 열었다. 시절 음식으로는 유두면·수단·건단·연병 등이 있으며, 유두날에 밀가루로 만든 국수를 먹으면 더위를 타지 않고 건강하게 여름을 날수 있다고 생각했다. 우리 민족에게 있어 국수는 긴 까닭에 장수를 뜻하며 경사가 있을 때에는 잔치음식으로 만들어 먹는 전통이 아직도 전해온다.

한편 〈동국세시기〉에는 유두면을 몸에 차거나 문설주에 걸어서 잡귀를 막는 풍속이 기록되어 있는데, 액막이 풍습으로 밀가루를 구슬 모양으로 만들어 오색 물감으로 색을 입혀 예쁜 색실에 꿰어 허리에 차거나 대문에 걸어두면 나쁜 액을 막을 수가 있다고 믿었다.

머리감고 물맞이하는 유두날은 제사나 풍류만을 위한 날은 아니었다. 유두 무렵이면 모내기를 끝내고 김매기를 할 때이며, 오이·참외·수박 등 여름작물을 수확하기도 한다. 비교적 한가한 시기인 이 무렵에 조상에 대한 공경과 풍년을 기원할 뿐만 아니라, 일가친지들이 맑은 시내나 산간 폭포에 가서 물맞이를 하고, 햇과일과 음식을 나누고 하루를 보내며 가정화목을 다졌다. 이것이 질병과 더위를 쫓고 건강을 비는 '유두잔치'라는 것이다.

바빴던 일상에서 잠시 벗어나 여유를 즐기며 닥쳐 올 본격적인 더위를 이겨내고자 한 농경생활의 지혜가 유두의 풍습이었으나, 농경시대에서 산업사회로 변하면서 이제 유두의 풍습도 그 전승이 단절되어가고 있으며 유두 물맞이는 요즘의 여름철 바캉스로 대치된 셈이라 할 수 있다.

데일 카네기도 절망의 순간이 있었다.

오래전 어느 TV에서 〈절망은 없다〉는 프로가 인기리에 방영된 바 있다. 절망과 희망은 극과 극이지만, 한 장의 백지장 위에 공존하면서 새로운 인생의 역전 드라마를 펼쳐나간다. 정의롭고 당당한 인물일수록 잘못된 하자를 남에게 넘기기보다는 스스로 감내하고 수용하며 또한 극복해 나간다. 인간 관계론으로 유명하고 매너 리더십의 대명사이기도 한 데일 카네기가 자살하려 했던 일화는 너무 유명하다.

데일 카네기는 경제 불황이 미국을 덮쳤을 때 뉴욕 맨해튼에서 살고 있었다. 그에게도 모든 상황이 나날이 악화되어 깊은 절망감에 빠진 데일 카네기는 차라리 이대로 인생을 끝내는 것이 낫다는 판단이 들었다. 더 이상 희망이 없었으므로 드디어 강물에 몸을 던지기로 결심의 날을 잡았다. 강 쪽으로 가기 위해 모퉁이를 돌아섰을 때 한 남자가 소리쳐 그를 불렀다. 돌아보니 두 다리를 잃은 사람이 바퀴 달린 판자 위에 앉아 있었다. 가진 게 아무것도 없어 보이는 아주 불행한 처지에 놓인 사람이었다. 그럼에도 불구하고 그 남자는 미소를 짓고 있었다.

그는 카네기에게 말했다.

"선생님, 연필 한 자루 사 주시겠습니까?"

카네기는 남자가 내미는 연필 자루들을 멍하니 바라보다가 주머니에서 1달러 한 장을 꺼내 주었다. 그리고는 다시 강을 향해 걸어갔다. 그러자 남자가 카네기를 향하여 소리쳤다.

"선생님, 연필을 가져 가셔야죠!"

카네기는 고개를 저으며 말했다.

"그냥 두시오. 난 이제 연필이 필요 없는 사람이요."

하지만 그 남자는 포기하지 않고 따라오면서 카네기에게 연필을 가져가든지 아니면 돈을 도로 가져가라고 말하였다. 더욱 놀라운 것은 그러는 동안 그 남자는 내내 얼굴에 미소를 머금고 있었다는 사실이었다.

마침내 연필을 받아든 카네기는 더 이상 자신이 자살을 원치 않고 있다는 사실을 발견했다. 먼 훗날에 카네기는 말한다.

"난 내가 살아있어야 할 아무런 이유를 발견할 수 없다고 생각했다. 그런데 두 다리가 없으면서도 미소를 짓고 있는 그 남자를 보는 순간 생각이 달라졌다."

단순하고 별 뜻 없는 미소 하나가 한 인간에게 새로운 삶의 의지를 불어 넣어 준 것이다. 데일 카네기는 세계적 갑부인 철강 왕 앤드류 카네기와 이름이 비슷하여 혼동하는 수가 있다. 절망의 순간에 희망을 발견한 것은 〈절망은 없다〉는 극한상황에서의 역전 드라마가 아닐 수 없다.

Cultural Heritage
Korea

우리 민족의 뿌리정신, 효
산후통으로 눈이 머는 까마귀의 반포지효
호동왕자와 낙랑공주의 사랑과 효심
효도의 연장선상에 있는 기제와 차례
효의 평준화, 사대봉사
효와 가정교육은 사회예절의 원천
가족의 범위와 위계를 알자
부모가 오래 살기를 비는 의식, 수연
산 사람 섬기듯 죽은 이를 섬긴다
'늙은 것이 죄' - 법으로 장려하게 된 효
아름다운 치사랑과 내리사랑
효의 정신, 호랑이, 한국인

Korea filial duty
seasonal customs
Cultural Heritage manners

자랑스런 명품
효, 제사문화

우리 민족의 뿌리정신,
효

❀ UN에서 21세기를 문화의 세기라고 선포한 바 있다. 문화라면 그 의미가 넓어서 한마디로 표현하기 어려우나 인간의 삶에 있어 문화의 존재는 마치 물고기와 물에 비유될 만큼 밀접하다.

흔히 문화를 정신문화와 물질문화로 구분한다. 정신문화는 인간의 정신활동의 소산인 문화를 통칭하는 것이나 가치문화와 규범문화로 세분할 수 있다. 가치문화는 인간 정신의 목표가 되는 보편타당의 가치와 인간 세계의 총체적 생활양식으로 사람다운 삶을 누리기에 가치 있고 필요한 토양을 의미한다.

우리 민족문화의 토양과 뿌리정신은 무엇인가? 더러는 화랑정신, 선비정신, 우리 정신을 드는데, 이러한 민족정신의 뿌리가 효(孝)를 근저로 하고 있다. 2001년 말, 주한 외국인들을 상대로 "한국 하면 떠오르는 것이 무엇인가?"라는 설문에 ① '02년 한일 월드컵 36.3%, ② '88년 서울올림픽 31.3%, ③ 효(孝) 문화 26.6%가 3위였다.

또 "한국의 효라는 말을 들어보았느냐?"는 질문이 58.7%가 그렇다고 대답하였다. 한국의 효에 대한 질문에 69.4%가 부모공경이라고 하였고, 사랑의 실천이라고 대답한 경우도 20.4%였다. 이는 경로효친이 한국의 대표적 정신문화임을 보여주는 사례이다.

언젠가 토비 도슨과 하인즈 워드의 이야기가 우리를 울린 적이 있다. 도슨은 '06 토리노 동계올림픽 프리스타일스키 남자 모굴의 동메달리스트인 한국계 미국인 입양아다. 그는 미국 청소년들의 스키 우상이라지만, 우리에겐 한국인 생모를 찾는 사연으로 더 많이 알려져 있다. 3살에 입양된 그가 자기를 버린 한국의 친부모를 찾기 위하여 어릴 적부터 매년 한국인 입양아 캠프에 참가하고, 지금도 자원봉사를 하며, 동메달을 딴 후 제일 먼저 한 말이 어머니를 찾고 싶다는 호소였다. 도슨의 에이전트인 스피넬로는 "도슨이 올림픽이 끝나고 친부모를 찾고 싶어 한다"며 "한국인 핏줄임을 자랑스러워한다"고 전했다.

하인즈 워드는 미식축구선수로 슈퍼볼 최우수선수상을 받은 한국인 어머니를 둔 혼혈아다. 그가 어머니를 기쁘게 해 드리기 위하여 어머니의 나라를 찾았다. 그는 어머니를 편히 모시려고 아내와 자식마저 동행치 않았다. 슈퍼볼 MVP가 된 후 "어머니는 나의 인생과 함께 한 사람"이라며 모든 공을 어머니에게 돌렸고, "어머니가 주신 사랑을 절대로 되갚을 수 없을 것이다"고 하였다.

하인즈 워드와 어머니가 다정한 한때를 보내고 있다.

구구절절 하인즈 워드의 어머니에 대한 사랑을 경청한 노무현 대통령은 "말하는 것을 받아 적으면 그대로 교과서"라며, 한국인은 효가 최고의 덕목이라고 감탄했다. 워드는 명예 서울시민증을 받고 "너무 행복하다"며 눈물을 보였고, 어머니는 이대 동대문병원을 찾아 워드가 태어난 분만실에서 손수건을 적셨다.

마치 한국인의 정신문화와 뿌리, 효, 한(恨)에 대한 강의를 듣는 것 같다. 한국하면 원망도 있을 법한 이들이, 우리가 동방예의지국임을 일깨워주고 그 맥을 이어주고 있다.

도슨처럼 부모 찾아 헤맬 필요도, 워드처럼 눈물을 보일 필요도 없는 행복한 모국의 현실은 오히려 노인 기피와 박대, 불효와 패륜이 다반사라는 점이 아이러니가 아닐 수 없다. 이들 한국계 미국인 앞에 우리는 부끄러움을 감추고 고개 숙여 감동할 뿐이다.

산후통으로 눈이 머는
까마귀의 반포지효

◈ **까마귀는 새 종류의 하나이나** 몸이 검어서 눈이 어디 있는지 알 수 없다 하여 새 조(鳥) 자의 눈 부분의 한 획을 생략해 까마귀 오(烏) 자가 되었다. 까치나 까마귀에 대한 인식은 중국이나 우리나라가 비슷하여 까치는 길조 까마귀는 흉조로 보지만, 일본은 까마귀를 삼족오라 하여 길조로 보는 등 나라와 지역에 따라 다르다. 유럽은 까마귀를 보통 흉조로 보나, 북유럽 신화에서는 그들의 최고신 오딘의 상징으로 지혜를 의미한다. 그리스 신앙에서는 예언하는 길조이나, 기독교에서는 악마의 새이다.

이처럼 까마귀를 보는 시각은 다양하나, 까치보다 효조(어미에게 보은하는 새)로서 유명하다. 까마귀는 한자로 오(烏)이나 한편, 자오(慈烏), 효조(孝鳥), 반포조(反哺鳥)라는 '은혜 갚는 새'로 불린다. 우리 어머니들은 아이를 낳을 때 170여 개의 뼈가 움직일 정도의 고통이 있다지만, 까마귀의 어미는 새끼를 낳자마자 산후통으로 눈이 먼다고 한다. 그래서 새끼들이 어미에게 먹이를 물어다

준다. 우리말에 '까막눈'이라는 말도 눈이 먼 까마귀 어미에게서 유래한 것이다. 이처럼 어미를 되먹이는 까마귀의 효성에서 '반포지효(反哺之孝)'라는 말이 나왔다.

반포지효란 미물인 까마귀의 보은에서 유래하나 '어버이의 은혜에 대한 자식의 극진한 효도'를 의미한다. 수나라 말기의 군웅인 이밀(224~287)은 진(晉) 무제(武帝)가 자신에게 높은 관직을 내리자 늙으신 할머니의 봉양을 위하여 관직을 사양한다. 무제는 이밀의 관직 사양에 크게 노하였다. 이밀은 자신을 까마귀에 비유하면서 "까마귀가 어미에 보은하듯이 할머니가 돌아가실 때까지만 봉양케 하여 달라"고 간청하였다 한다.

명나라 말기 이시진(1518~1593)은 '까마귀는 부화 후 60일은 어미가 새끼에게 먹이를 물어다 주지만 이후 새끼가 먹이 사냥에 힘 부친 어미를 먹여 살린다'고 하였다.

이중섭의 작품에 그려진 까마귀의 모습

소학 명륜장에서 공자는 "소련과 대련은 부모상을 정성껏 모셨고, 3일을 게을리 하지 않으며, 1년 동안 슬퍼하고, 3년을 근심 걱정하였다. 이 형제가 바로 동이(한국)인이다"고 말하였다고 한다. 예로부터 우리 선조들은 부모가 돌아가시면 3년 상을 지성으로 모셨고 이는 공자도 칭찬한 전통이다. 평생 은혜를 받고 자랐으므로 부모상 3년은 최소한의 보은이었다.

요즘은 1년 상은 고사하고 용어 자체도 모르는 세상이 되었다. 받음은 당연하고 보은을 모른다면 부당하다. 까마귀의 반포지효를 아는가? 살면서 잊지 말아야 할 것은 자식보다 부모가 먼저라는 점이다. 그래서 부모 앞에서는 자식 사랑도 삼가는 법이다.

어려움 중에도 부모를 극진이 모시는 효행도 있지만, 집 사고 자식 키우고 빚 갚은 다음에 할 계획인 사람도 있을 것이다. 그러나 부모는 대접받기 위해 늙지 않고 있을 수도 없으려니와, 그때는 이미 동이를 예찬한 공자도, 반포지효의 까마귀도 다 떠난 뒤일 것이다.

호동왕자와 낙랑공주의
사랑과 효심

◉ **전래되는 호동과 낙랑공주의** 슬픈 사랑 이야기는 구전된 설화가 아니라 김부식(고려인종 23년)이 편찬한 〈삼국사기〉에 쓰여 있는 내용이다. 그 신빙성의 정도는 알 수 없으나 상당한 근거가 있을 것으로 보인다. 호동은 고구려 3대 임금인 대무신왕과 차비(次妃) 사이에서 태어난 왕자였다. 차비는 대무신왕의 사랑을 독차지하였고 호동은 잘생긴 외모와 지극한 효성으로 부왕의 사랑을 듬뿍 받았으므로, 정비(正妃)가 많이 시샘한 것으로 되어 있다. 이에 관한 〈삼국사기〉의 주요내용을 한 번 살펴보자.

"호동왕자가 옥저를 유람할 때 그곳을 지나던 낙랑왕 최 리가 고구려 호동왕자의 준수한 용모를 보고 그를 초대하여 칙사 대접을 하며, 하나뿐인 딸을 사귀게 하여 아내로 삼게 한다. 그 후, 호동이 귀국해 부왕의 뜻에 고민하다가 아내에게 사자를 보내어 낙랑국의 북과 나팔을 부수어 버릴 것을 종용한다. 낙랑에는 북과 나팔이 있었는데, 적병이 쳐들어오면 저절로 소리를 내어 침략을 예방했던 것이다. 낙랑공주는 남모른 고민 끝에 북과 나팔을 부숴 호동에게 알렸고, 고구려의 습격에 북과 나팔이 울지 않아 방비를 못한 낙랑왕은 딸의 소행을 알게 되어 딸을 죽이고 나와서 항복했다."

부연하면, 낙랑왕이 호동 일행을 환대하여 낙랑궁으로 안내 잔치를 베풀고, 호동의 남자다움에 반하여 낙랑공주에게 호동이 머무는 동안 궁궐을 안내하도록 하였다. 결국 이들은 서로 사랑하는 사이가 되었고, 사위로 맞는 데 까지는 성공한다. 호동왕자가 한 달여 후 고국에 돌아왔으나, 아버지 왕은 호동에게 낙랑과 병합할 방도를 캐낸다. 이미 부여를 합병하여 고구려의 영토를 넓힌 대무신왕은 남쪽에 있던 작은 낙랑 땅에 대해 일찍부터 눈독을 들이고 있었다. 그렇지만 낙랑에는 신비한 북과 나팔이 있었기 때문에 아직까지 침범할 엄두를 내지 못하고 있었던 것이다.

결국, 낙랑왕은 북과 나팔을 믿고 있다가 고구려에 폐망하고 호동은 나라를 위하여 사랑하는 아내를 잃고 만다. 고구려로 개선하자 호동의 용맹성과 낙랑공주와의 애절한 사랑이야기로 백성들은 호동왕자를 더욱 더 떠받들게 되었다. 이처럼 신망이 높아지자 대무신왕의 정비(正妃)는 자기 아들을 제치고 호동이 태자로 책봉될까봐 호동을 참소하기 시작한다.

왕은 정비가 자기가 낳은 아들이 아니어서 그런 것으로 여겨 믿지 않았으나, 거듭되는 모함에 차츰 의심하게 되어 호동에게 해명할 것을 명한다. 소문을 들은 호동의 측근이 호동에게 부왕께 사실대로 밝힐 것을 청하나 호동은 이를 물리쳤다.

자신이 취해야 할 행동들에 대해 고민하던 호동은 결국 자신을 따르던 신하에게 다음과 같은 말을 남기고 스스로 자결한다.

"만약 어머니의 그릇됨을 해명한다면 이는 어머니의 잘못을 드러내는 일로 불효가 될 것이며, 아버지께도 근심을 끼쳐드리는 일이니 효가 아니다. 불효자로 사느니 죽는 것만 못하다."

　아버지의 뜻을 위해 사랑하는 아내를 잃었고 정비의 시샘까지 받아 괴로워하던 호동은 끝내 자결로서 "부모에게 효란 무엇인가"라는 명제를 뒤로한 채 짧지만 굴곡 많았던 삶을 마감하였다.

효도의 연장선상에 있는
기제와 차례

❋ 제례(祭禮)를 흔히 제사(祭祀)라고 말하며 우리 삶의 일부분이기도 하다. 생활 속에서 크고 작은 제사를 모시고 있으며 설이나 한가위 같은 명절의 귀성인파를 보면 우리 민족의 대다수는 조상의 제사를 모시기 위하여 해마다 고향을 찾고 있다는 것을 알 수 있다.

제례의 종류는 다양하다. 돌아가신 조상을 특정 시점에 모시는 것이 기제(忌祭)라면, 차례는 이와 관계없이 명절에 모시는 제사의 일종이다. 많은 제례의식 중 실생활에서 흔히 접하는 것이 기제와 차례일 것이다.

기제는 고인이 돌아가신 기일에 지내는 것이다. 일반적으로 부모, 조부모, 증조부모, 고조부모까지 4대 봉사(四大奉祀, 4대 조부모 제사를 받듦)가 전통이며, 각기 휘일(諱日, 사망일)의 첫새벽(子時頃, 자정부터 새벽 1시 사이)에 영정을 모시고 지낸다. 근래 정부에서는 조부모까지 2대 봉사를 권장하지만 잘 이행되지 않고 있으며, 제사 시간은 자손들의 현실적 형편에 따라 해가 진 뒤 편리한 시간에 지내는 경우가 많다.

제사지내는 모습 (국립문화재연구원 제공)

차례(茶禮)에는 차(茶)가 오르지는 않는다. 차례(茶禮)는 우리의 전통 민속이나 중국에서 이름을 따온 데서 연유한다. 설은 한 해의 시작이며, 한식은 산소를 돌보는 날이고, 한가위는 추석·중추절·가배라고도 불리는 우리의 최대 명절이다. 명절에 묘소를 살피거나 조상에게 감사의 예(禮)를 올리는 것이 차례이다.

기일제사는 밤에 지내지만 차례는 아침에 지낸다. 5대 명절로 설, 추석, 한식, 단오, 동지를 말하지만, 차례는 주로 설, 한가위, 한식 등 3대 명절에 지내며 단오, 동지에는 지내지 않는다.

기제는 조상에 따라 날짜가 다르나 차례는 모든 조상에게 합동으로 드리는 제례이다. 4대 봉사하는 가정에서는 돌아가신 고조부모까지 여덟 분의 조상이 대상이 된다. 모든 제사(차례, 기제 등)는 장손이 제주가 되고 장손의 집에서 지내는 것이 원칙이며, 지방과 가문에 따라 한식이나 추석에는 산소에서 지내기도 한다.

제수는 제사에 쓰이는 제물을 말하며 제찬이라고도 한다. 차례의 제수와 절차는 기제에 준하나 한가위에는 햇곡식과 햇과일이 오르며 보다 간소하게 지낸다. 형식이나 가짓수에 치우치기보다 정성스러우면서도 형편에 맞게 준비하는 것이 좋으며, 차례에 계절식이 오르는 것은 당연하다.

제수 상차림

제례(제사)는 돌아가신 조상을 추모하고 그 은혜에 보답하는 최소한의 성의표시이다. 생전에 다하지 못한 효도의 연장이라 할 수 있으며 우리 민족의 정신문화이기도 하다.

제례는 자신의 뿌리를 확인하고 생명의 근본을 새기는 의식이다. 그러한 의식을 통하여 조상을 축복하고, 가문의 전통과 정신을 배우며, 같은 뿌리의 친족이 모여 화합과 우의를 다짐으로써 현대사회의 단절된 핵가족문화의 폐단을 줄이는 기능이 되기도 한다.

효의 평준화, 사대봉사

◉ 〈예서(禮書)〉에 의하면 '제왕은 하늘에 제사지내고 제후는 산천에 제사지내며, 사대부는 조상에게 제사지낸다'고 하였다. 이것은 온 세상을 다스리는 제왕에게는 천지가, 한 지역을 다스리는 제후에게는 산천이 절대자이며, 보통사람들에게 있어서의 절대자는 조상이라는 데에 연유한다. 인간이 조상에게 제사지내는 것은 효의 지속이며 자기존재에 대한 보답이다. 자신의 근본에 보답하는 의례라는 뜻으로 보본의식(報本儀式)이라 하였고, 조상을 살아 계신 분 모시듯해야 한다고 가르쳤다.

제례의식도 다양하다. 산소에서의 묘제, 장례 후 3일째 날의 삼우로부터 시제, 시조제 등도 있지만, 흔히 접하게 되는 명절의 차례와 조상이 돌아가신 날에 모시는 기제를 모르는 사람은 없을 것이다. 다만, 기제는 하루의 시작을 가신 분을 기리는 일부터 한다는 뜻에서 돌아가신 날의 첫 시간인 밤 12시를 기해 제사를 올렸다. 밤 11시부터 자시(子時)라고 해서 새날로 간주되기 때문이다. 그러다보니 전날 밤부터 제례준비에 집안이 법석이고 제사는 돌아가신 전날 밤에 모시는 것으로 착각되기도 하였다. 한밤의 제사가 힘들면 돌아가신 당일 해가 지고 난 뒤 밤 11시 이전에 모시면 된다.

항상 논란의 대상은 기제(기제사)에서 조상을 모시는 봉사(奉祀, 조상제사를 받들어 모심)의 회수였다. 고려시대 정몽주 선생의 '제례규정'에는 대부 이상의 관원은 3대 봉사였고 신분별로 2대, 서민들은 부모 1대 봉사만 모시도록 하였다. 그 후 조선시대의 〈경국대전〉에 의하면, 사대부 이상은 4대 봉사, 신분에 따라 3대, 2대 봉사로 나뉘고, 일반 서인은 역시 부모 1대 제사만으로 되어 있었다. 그러하던 것이 한말 갑오경장(고종 21년) 이후 신분제도가 무너지자, 사대부 이상의 예(禮)였던 4대 봉사를 너도나도 따랐고 이제 조상 봉사는 드디어 평준화가 된 셈이 되었다.

근래, 1969년 가정의례준칙의 제정과 한동안의 우여곡절을 거쳐 1999년 건전가정의례준칙이 새로 제정되었다. 제례를 기제와 차례로 구분하고, 기제는 2대 봉사로 고인 내외분을 함께 모시는 것을 권장한다. 제례의 형태는 많이 변색했지만 우리들 삶의 중요한 한 부분임에는 변함이 없다. 흩어진 가족이 모여 정담을 나누고 가족애의 일체감을 확인하는 자리가 되고 있기 때문이다. 귀성 행렬의 열정을 보면 우리에게 제사는 제사 이상의 큰 의미가 있는 소중한 유산임에 틀림없다. 의식도 많이 간소화되어 지방을 한글로 쓰거나 영정을 모시며, 각기 종교의식을 따르는 등 형편에 맞게 치르고 있다.

제례는 형식에 앞서 정성이다. 조상과 후손을 연결시켜 주는 의식이자 통로이며 우리의 전통문화양식이다. 앞만 보고 살다보니 뭔가 허전하고 허무한 것이 오늘날의 현실이다. 오늘을 사는 핵가족이 초래하기 쉬운 단절과 이기적인 병폐를 제례와 같은 우리의 미풍양속이 일정 부분 치유할 수 있지 않을까, 하는 마음을 가져본다.

효와 가정교육은
사회예절의 원천

● **오월은 가정의 달이다.** 어린이날, 어버이날, 스승의 날, 성년의 날 등 가정 관련 기념일이 있으며, 봄은 절정을 이뤄 계절의 여왕으로 불리는 좋은 계절이다. 가정은 삶의 기초이며 원천으로 그 소중함은 아무리 강조해도 지나치지 않다. 현대를 사는 우리는 조상에게서 물려받은 가정을 훌륭하게 관리해서 자손들에게 물려주는 중계자요 일시적 관리자일 뿐이다. 사람의 수명은 100년을 넘기 어려우나 가정이 영원할 수 있는 까닭은 흡사 실의 한 가닥 길이가 한 뼘이더라도 그것들이 물려 꼬여서 무한하게 뻗는 것과 같은 이치로, 인생은 윗대와 엇물리고 아랫대와 겹쳐서 이어져 나가는 것이다.

그런데 어떻게 자기가 엇물렸던 윗대와의 동거시대와 아랫대와 겹쳐서 함께 산 세대를 잘라내고 나만의 세대를 가정이라고 한정할 수 있겠는가? 그래서 가정의 전통과 가례(家禮)교육은 중요하며, 특히 두 집안의 혼사에서 가문을 보는 이유도 여기에 있다.

5월 5일은 어린이날이다. 어린이의 인격을 존중하고 행복을 도모하기 위해 제정한 기념일로, 소파 방정환 선생이 애써서 1923년 5월 1일 거행한 것이 기원이다. 일제의 탄압으로 중단되다 1957년 '어린이 헌장'의 선포로 현재에 이른 역사적인 날이다.

　5월 8일은 어버이날로 전통 가족제도의 계승 발전과 어버이의 은혜에 감사하고, 어른과 경노효친을 기리는 전통적 우리문화를 접목한 기념일이다. 어버이날은 원래 우리나라에서 창시된 것이 아니고 미국의 한 교회에서 안나라는 처녀에 의해서 전파되었다.

　안나는 평소 어머니의 말씀에 그렇게 순종적인 사람이 아니었으나, 어머니가 돌아가신 후에 너무도 어머니가 그리워 평소 어머니가 좋아했던 카네이션을 교인들에게 나누어준 데서 비롯되었다. 그 후 1914년 미국의 윌슨 대통령이 5월의 둘째 주 일요일을 어머니의 날로 정한 것이 그 시초이다. 당시 어머님이 생존해 계신 분은 빨간색 카네이션을, 어머님이 돌아가신 분들은 흰 카네이션을 가슴에 달았다.

　5월 15일은 스승의 날이다. 1958년 5월 8일 청소년 적십자 단원들이 세계적십자의 날을 맞아 병중이거나 퇴직한 교사들을 위문하기 시작한 것이 유래이다.

　성년의 날은 5월 셋째 월요일이다. 어린이가 만 20세가 되면 성년식을 한다. 어느 나라, 민족이나 고유한 성인의식이 있다. 정부가 우리의 전통 '관례(冠禮)'를 부활시켜 청소년들에게 전통문화와 성인이 된 책

5월 8일 어버이날에는 카네이션을 선물하는 것이 하나의 풍습이 되었다.

임을 심어주기 위하여 제정한 날이며, 1999년부터 표준 성년식 모델을 개발해 전통의식에 준한 성년례를 하고 있다.

　5월 가정의 달은 가정의 소중함을 깨닫고 형식적 행사보다 내실 있는 가족 간의 끈끈한 유대를 다지는 계기가 되어야 한다. 조상의 슬기와 전통을 배워서 제대로 실행하지 못하는 것만도 부끄러운데, 까닭 없이 허물어 버린다면 자기가 세운 방법도 자손에 의해 무너지게 될 것이다. 가정예절이 부족한 사람은 사회에서도 무례하다는 지탄을 받게 된다. 가정에서 부모에게 효도하는 사람이 밖에서도 상사를 공경할 줄 알고, 가정에서 우애 있는 사람이 직장에서도 잘 어울린다. 가정에서는 못하는 데 밖에서는 잘 한다는 사람이 있다면 이는 위선이다.

　집에서 새는 바가지는 밖에 나가서도 새는 법이다. 가정교육은 사회 예절의 원천이니 가정을 통한 사회 예절의 바탕이 서야 한다. 미래는 꿈꾸는 자의 몫이니 작은 실천으로 오월의 꿈을 가꾸자!

가족의 범위와
위계를 알자

✱ **가족의 구성은 직계를** 주축으로 하는 좁은 의미의 구성이 있으며 방계까지를 포함하는 넓은 의미에서의 구성이 있다. 또 직계가 주축이면서도 직계존속(부모 조부모)과 함께 사는 경우와 따로 사는 경우가 있을 것이다. 소위 핵가족제도와 대가족제도를 말하는 것인데 엄격한 현대적 의미의 핵가족은 부부중심으로 자녀까지를 포함하고, 대가족이라면 직계존속과 그 자녀인 방계 이상의 부부가 동거하는 것을 말한다.

옛날의 예법에 의하면, 고조(高祖)와 그 자손들을 한 가족으로 간주해서 모든 의례절차가 정해졌다. 생존한 고조의 자손은 최대 8촌까지에 이르며 대가족으로 한 집에서 살 수 있는 한계이기도 하다. 이를 당내간(堂內間)이라 해서 근친이라고 말한다. 그래서 부·조·증조·고조까지 4대를 봉사(제사)하는 의례가 생긴 것이다. 요즘은 혼인 연령이 늦어지면서 생존한 고조부모는 극히 드물고 비록 장수하더라도 증조부모가 생존한 최고의 직계존속이 될 것이므로 6촌까지를 한 가족이라고 할 수 있을 것이다. 더 넓게 말한다면 가정예절의 범위는 혼인으로 인한 인척과 동성동본의 일가들까지도 포함할 수 있다.

　동성동본의 친족을 일가(一家)라고 하는 까닭은 한 조상의 자손은 모두 한 가정이라는 뜻이 있기 때문이다. 종씨와 같은 말이다. 우리의 전통은 큰아들과 큰손자가 조상의 맥을 이어가고, 기타 자손은 나눈다는 의미로 분가(分家)한다고 말한다. 가정의 뿌리는 하나이고 자손들이 가지를 뻗어 번성하는 것이 가정이다. 국가와 민족의 역사와 전통처럼 사회조직의 핵인 가정에도 오랜 역사와 이어지는 전통이 있기 마련이다. 조상으로부터의 역사는 영광스러운 것이든 부끄러운 것이든 나의 몫이다. 이는 부인할 수 없는 가정의 역사이기도 하다.

가족 간의 위계는 세대(世代)에 의한 것이 그 첫 번째이다. 부모·부부(나)·자녀 등 각 세대 간 위계이다. 이 세대 간 위계는 엄격한 의미에서 태어나게 해준 사람과 태어난 사람으로 아버지와 아들의 위계를 말한다. 이는 인위적으로 만들거나 없애는 것이 아닌 선천적이며 원천적인 것이기 때문에 절대 침범할 수 없는 것이다.

두 번째는 출생의 선후에 의한 위계이다. 같은 세대라도 형과 동생이 있다. 형제자매의 위계도 원천적이며 부모는 자녀의 어른이고 형은 동생의 어른이다. 가족의 위계는 인위적 계약에 의한 것이 아니라 이미 정해졌다는 데 의미가 있다.

다음은 부부관계이다. 부부는 아래위가 있는 위계라기보다 남녀의 신체적 정서적 특성과 재능에 따르는 직분의 구별이 중요하다. 아내이며 어머니인 여자는 아이를 낳고 기르는 육체적 특성과 섬세한 감성으로 집안의 일을 담당했고, 남편이며 아버지인 남자는 아이를 낳게 하는 육체적 특성과 아이와 아내를 부양하는 의무로 밖의 일을 담당했다. 부부는 종족 유지와 가정 승계를 위한 필수적 만남이며 존재이기도 하다.

한집에 살지 않는 다른 친·인척들은 세대 차의 위계와 출생전후에 의한 위계를 따져서 위아래를 정한다. 시집온 며느리요 아내인 여자들과 시댁 가족과의 위계는 자신의 연령이나 친정에서의 위계가 아닌 남편의 위계에 따른다. 설령, 손위 시누이가 친정의 조카에게 시집을 갔더라도 서로가 시댁의 위계로 따져서 각기 '언니'이며 '아주머니'로 부르며 대접하는 것이다.

부모가 오래 살기를 비는 의식, 수연

◉ **동양에서는 사람 간의** 교류와 접촉에서 지켜야 할 도리를 '예(禮)'라 하며, 서양에서는 에티켓(etiquette) 또는 매너(manner)라고 한다. 예절은 문화의 한 부분이며 생활양식의 하나이기도 하다. 수연(壽筵)이란 어른의 생신에 아랫사람들이 상을 차리고 술을 올리며 오래 사시기를 비는 의식이다. 옛날에는 수연례란 말이 없었고 헌수가장례(獻壽家長禮)라 하였다.

따라서 수연이란 회갑이나 팔순 할 것 없이 모두를 통칭하여 사용하며 장수를 비는 의식이므로 아랫사람이면 누구든지 수연례를 행할 수 있다. 수연례는 대체로 어른의 나이가 60세 이상에서 행해지고 10년 단위의 생신을 중시하지만, 그 사이에도 뜻있는 생신이 끼어있다. 그 명칭과 종류를 살펴보기로 하자.

① 육순(六旬)은 60세 때의 생신이다. 육순이란 열이 여섯이란 말이고 육십

갑자(干支六甲)를 모두 누리는 마지막 나이다.

② 회갑, 환갑(回甲, 還甲)이란 61세의 생신으로 60갑자를 다 지내고 다시 낳은 해의 간지가 돌아왔다는 뜻이다.

③ 진갑(陳/進甲)은 62세의 생신이다. 다시 60갑자가 펼쳐져 진행한다는 의미이다.

④ 미수(美壽)란 66세 때의 생신이다. 옛날에는 미수를 별로 의식하지 않았으나 77세, 88세, 99세처럼 같은 숫자를 중히 여겼다. 또한 현대 직장들은 만 65세가 되면 모두 퇴직하므로 66세는 모든 사회활동의 성취와 은퇴를 의미하면서도 아직은 여력 있는 아름다운 나이이므로 미수(美壽)라 하며, '美' 자는 六十六을 뒤집어쓰고 바로 쓴 자로서 그 이름이 생겼다.

⑤ 칠순, 희수(七旬, 稀壽)는 70세의 생신인데, 옛 글의 인생칠십고래희(人生七十古來稀, 사람이 70까지 살기는 드물다)라는 두보의 시에서 희수, 고희가 유래하였다. 그 뜻이 '어른이 너무 오래 살았다'는 의미이니 어른에게 죄송한 표현이다. 그냥 '칠순(七旬)'이 좋다.

⑥ 희수(喜壽)란 77세 때의 생신으로 '喜' 자를 초서로 쓰면 七十七이 되는 데서 생긴 이름이다.

⑦ 팔순(八旬)은 80세 때의 생신이다.

합동으로 칠순잔치를 치르고 있는 모습

⑧ 미수(米壽)란 88세 때의 생신인데, '米' 자가 八十八을 뒤집고 바르게 쓴 데서 유래한다.

⑨ 구순, 졸수(九旬, 卒壽)는 90세의 생신이다. '卒' 자를 초서로 쓰면 九十이라 쓰이는 데서 졸수라는 말이 나왔다. '卒'은 끝나다, 마치다의 뜻이니 입에 담기 곤란하다. 유식한 체 말고 그냥 구순(九旬)이 좋다.

⑩ 백수(白壽)란 99세의 생신이다. '白' 자(字)는 '百' 자에서 '一(하나)'를 뺀 글자이므로 99를 의미한다고 할 수 있다.

인간의 생활양식은 시대와 환경에 따라 조금씩 변해 가고 예절도 다양하게 바뀌어 간다. 요즘은 의료기술의 발달로 평균수명이 길어져서 육순이나 회갑, 진갑의 풍속도는 점차 사라져 가고 있는 실정이다. 수연의 연 자는 자리 연(筵)이나 잔치 연(宴) 자를 쓰기도 하나, 요즘은 잔치를 않는 경우도 있으므로 모두를 아우르는 자리 연(筵)자를 사용하여 수연(壽筵) 혹은 수연례(壽筵禮)라고 하는 것이 바람직하다 하겠다.

산 사람 섬기듯
죽은 이를 섬긴다

◉ **조선시대 예법의 표준은** 왕실의 경우 '국조오례'였고 민간의 경우 가례가 일반적인 예법이었다. 이러한 조선시대의 제례문화는 조선 말기까지 유교 문화 속에서 사회 전반에 걸쳐 생활의 중요한 한 부분이었다.

이러한 제사는 물론 서양에도 있었다. 구약성서에 기록된 카인과 아벨의 제사 이야기가 그것이다. 카인은 농사를 지어 곡식을 제물로 드렸고 아벨은 목축을 하여 양을 제물로 드렸던 바, 하느님이 아벨이 올린 양만을 받았다는 것이다. 성경에는 심지어 아브라함이 여호와의 명에 따라 그의 외아들 이삭을 제단에 올리는 장면이 나온다. 곧이어 양으로 대체되기는 하였지만, 오늘날의 제사에는 보통 술, 과일(대추·밤·감·배·기타), 밥, 국, 국수, 떡(편), 과자, 적(육적·어적·계적), 탕(육탕·어탕), 전(육전·어전), 포(육포·어포), 나물, 김치 등을 제수로 올리고 있다. 이 밖에도 식혜, 식초, 간 등을 올리기도 하고 또 계절에 따라 생산되는 햇과일들이나 떡국, 송편 같은 계절식을 올리기도 한다.

이 같은 형태의 제수는 산 사람을 대접할 때의 음식물과 유사한데, 제수로 드리는 보통의 음식을 돌아가신 이를 산사람과 똑 같이 모신다는 정신에서 비롯된 것이다. '중용'의 '죽은이 섬기기를 산 사람 섬기듯이 하고, 없는 이 섬기기를 있는 사람 섬기듯이 하라'는 교훈이 그 이론적 배경이다.

제례(祭禮)의 종류도 다양하다. 사망 직후는 상중제의(喪中祭儀)라 하는데, 사람이 죽어서 상복을 입은 후 상복을 벗고 평상생활로 돌아올 때까지 죽은 이를 위한 일종의 추모행사로, 초우제·재우제·삼우제·졸곡제 등 9가지로 나뉜다. 가묘제의(家廟祭儀)라 하여 조상을 모신 사당에 올리는 의례가 있었으나 지금은 거의 사라져 가고 있다.

평상시 제례(除禮)로는 조상이 돌아가신 날에 지내는 제사인 기일제(忌日祭)가 대표적이며, 부모의 생신에 모시는 이제(禰祭)라는 것이 있다. 차례(茶禮)의 특징은 차례상에 명절의 계절식이 올라가고 차례에 차(茶)가 없다는 사실이다. 중국에서는 차가 올라가나 우리는 이름만 차용했을 뿐 우리의 고유전통이 고수되고 있는 셈이다. 그 외에 종중에서 주관하는 시조제(始祖祭)가 있고, 5대조 이상 2대조 이하의 모든 조상에게 드리는 선조제(先祖祭)와 세일사(歲一祀)가 있다.

건전가정의례준칙에서는 2대조까지만 모시도록 권장하고, 개신교는 제사를 예배로 대신하며, 가톨릭은 미풍양속으로 인정은 하나 조상은 신이 아닌 존경의 대상이다. 변하는 시대에 따라 각자가 처한 입장은 다를 수 밖에 없으나 조상도 몰라보는 사람이 되어서는 안 될 것이다. 죽은이 섬기기를 산 사람 섬기듯이 하는 뿌리정신은 문명사회인 오늘에도 유효하다. 미래는 걱정하는 것이 아니라 만들어 가는 것이다.

'늙은 것이 죄'
법으로 장려하게 된 효

🌸 **인간도 동물도 사랑의 감정이** 있다. 사랑이란 용어가 애매하긴 하지만, 이런 감정이 없다면 구애행동으로 대를 잇지 못하고 이미 멸종했을 것이다. 갓 태어난 송아지를 도살장으로 보내는 암소는 실제로 한 달이 넘게 새끼를 찾아 울부짖는다. 다만, 극진한 어미의 사랑에 보은하려는 새끼의 효심이 동물에서는 발견하기 힘든 인간만의 특징인 것 같다. 사람에게 효친사상이 없음을 두고 흔히 "짐승만도 못하다"고 하지만, 엄격하게는 짐승과 같다는 표현이 옳을 듯하다. 그래서 효는 모든 행동의 근본이고, 동물과 차별화되는 덕목이며, 인간의 행위 중 가장 중시되는 부분이다.

그런데 개정된 민법 친족상속편은 우리의 전통적 가족제도의 붕괴라는 사회적 논란을 불러일으키고 있다. 그중에서도 문제가 되는 것이 부모를 봉양하는 자녀는 다른 자녀보다 재산 상속을 50% 더 받도록 한다는 효도상속제이다. 재산 상속은 대개 자녀들의 입장에 따라 이해관계가 복잡하게 대립한다. 이런저런 이유를 내세워 부모를 모시기는 꺼리면서 재산 상속은 가급적 많이 받으려는 게 오늘날의 세태이다. 그런 상황은 '늙은 것이 죄'라는 노인들의 자조가 가슴을 저미게 하는 현실이기도 하다.

효도상속제는 이처럼 점점 희박해지는 효(孝) 사상을 법의 힘을 빌려서나마 살려보려는 사회적 노력의 일환으로 평가할 수 있으나 법과 제도에 의한 효는 한계가 있다.

서양에서는 자식이 성년이 되면 부모로부터 독립하는 문화가 있다. 따라서 스스로의 능력으로 대학도 가고 혼인도 하는 것이 당연하다. 이에 반해 우리의 자식사랑은 끝이 없다. 자식을 양육하여 대학에 합격하는 것만도 감지덕지고, 혼인과 살림을 내주는 것도 모라라 심지어 손자(녀)까지 돌봐주는 판이다. 이 같은 자식에 대한 부모의 사랑은 당연한 것이나 공기의 고마움을 모르듯 넘치면 자식들은 감사를 모른다. 추운 겨울 아버지가 외출하기 전 신발을 가슴에 안아 따뜻하게 해놓았다는 옛 선조들의 효도 이야기는 이제 동화책에서나 볼 수 있다. 일종의 인센티브제도인 재산 상속 이야기는 재력이 없는 부모에겐 의미가 없고 법으로 효도를 살리겠다는 것 자체가 조상들에게 부끄러운 일이 아닐 수 없다.

배고팠던 시절 친구가 사준 붕어빵에 대한 기억을 지금도 못 잊어 평생 친하게 지낸다는 아름다운 뉴스를 본 적이 있다. 이러한 마음이 보은이지만 이는 다분히 상대적이다. 만약 내 빵을 그 친구가 빼앗아 갔다면 보은도 없을 것이다.

그러나 부모와 자식 간의 사랑이 담긴 부자자효(父慈子孝)는 다르다. 부모는 자녀를 사랑하고 자녀는 부모에게 효도하는 원초적 관계이다. 자애와 효도는 절대적인 것이 특징이며 붕어빵 없이도 존재하고 설령 빼앗겼어도 존재한다. 집 나간 못된 탕자까지도 못내 그리워하는 것이 어버이의 사랑이며, 비록 거리에 날 버린 매정한 어버이라도 사랑의 정으로 부모 찾아 삼천리를 헤매는 것이 자식의 효도이다. 그래서 효(孝)는 백행지본(百行之本)이고, 동물과 차별화되는 덕목(德目)이다.

한편, 5가지 불효의 규정으로, ① 제 몸을 게을리 하고 부모를 봉양하지 않는 것, ② 노름과 술로 부모를 걱정케 하는 것, ③ 부모 대접을 소홀히 하는 것, ④ 이목(耳目)을 즐겁게 하는 일로 부모를 욕되게 하는 것, ⑤ 폭력 휘두르기를 좋아해 부모를 위태롭게 하는 것 등을 경계하였다.

신체는 부모에게서 받고 부모가 길러준 것이니 감히 다치거나 상하지 않게 하는 것이 효의 시작이며, 학문을 닦고 심신을 수양하여 훌륭하게 이름을 후세에 날려 이것으로써 부모를 빛나게 함이 효의 완성이라고 하였다. 더 나아가 효는 제 부모를 공경하는 것이나 이러한 마음이 이웃 어른에게까지 확대하는 것이 경로이니, 효친과 경로는 그 대상이 다를 뿐 정신과 맥을 같이 한다.

아름다운
치사랑과 내리사랑

 며칠 전 '치사랑실천운동본부'라는 단체의 편집장이 필자의 저서를 읽고 저자 인터뷰 요청이 왔다. 대화는 자연히 저서 내용에서부터 시작하여, 본론은 '요즘 세태가 내리사랑만 있고 치사랑(孝)은 없다'면서 나의 견해를 듣고자 하였다.

많은 사람들이 '내리사랑은 있고 치사랑은 없다'고 생각한다. 하지만 그런 말은 내리사랑이 무엇인지 모르고 하는 소리다. 흔히들 자식 감싸기와 과보호를 내리사랑으로 착각한다. 이것은 내리사랑을 빙자한 자기기만이며 자기만족이다. 이 같은 눈먼 사랑이 자식을 망치며, 이런 부모일수록 뒤늦게 '내가 너를 어떻게 키운 자식인데' 하며 통곡을 한다. 그래서 필자는 요즘 치사랑만이 아니라 내리사랑도 거의 없다고 생각한다. 내리사랑은 자식이 세파에 스스로 잘 적응하고 자립할 수 있도록 돕는 사랑의 모형이어야 한다. 그러자면 엄격한 가정교육이 필요하다.

이처럼 자식의 장래를 위한 애정 어린 배려가 진짜 사랑이고 내리사랑이다. 동물도 본능적으로 자신의 새끼를 끔찍이 사랑하고 보호한다. 이성을 가진 인간은 동물과 좀 달라야 할 것이다.

　아이가 넘어지면 어김없이 뒤를 보고 운다. 이것은 보호자에게 도움을 청하는 신호며 응석일 것이다. 부모가 깜짝 놀라 본능적으로 달려가 안아주고 닦아준다면 아마도 자기충족이지 자식사랑이 아닐 수 있다. 아이를 위하는 길이 부모의 짠한 마음을 감추고 응석을 거절하는 겔일 수도 있기 때문이다. 자식 감싸기만 한다면 어쩌면 마마보이나 서울대학에 입학하고서도 계속 가정교사가 필요한 얼간이를 만들지 모른다. 어느 맹수가 새끼를 낳으면 벼랑 끝에서 떨어뜨린다는 말이 있듯이 자식에게 건강한 자생력을 심어주고 선량한 사회의 일원이 될 수 있도록 진심으로 돕는 부모의 배려가 자식을 위한 참 내리사랑이다. 부모는 진짜 사랑을 할 줄 알아야 한다. 부모의 무분별한 과잉보호는 자식을 망치고 불효자를 만든다. 공기는 무료니까 고마움을 모르고 힘들게 돈 주고 사는 산소라야 고마움을 안다.

　오래전에 아버지를 총으로 쏴 사회적으로 커다란 물의를 일으킨 박모씨의 존속살인 사건이 있었다. 이북 피난민으로 남하하여 한약재 상으로 어렵게 자수성가한 부모이다보니 보란 듯 자식을 통한 대리만족도 하고 싶었을 것이다. 자식의 요구라면 다 들어주는 것을 사랑으로 믿었고 자신의 한풀이도 되었겠지만 자식은 무절제한 망나니가 되고 해외유학을 보냈으나 그마저 실패하고 말았다. 참다못한 부모가 뒤늦게 귀국조치와 용돈지급을 중지하고 엄격하게 규제하였으나 너무 늦었다. 자식의 입장에서 그동안 부모는 말 잘 듣는 자동금고였는데 갑자기 고장 난 셈이 되었고. 그 고장 난 금고가 원망스러웠을 것이다. 이처럼 불효자는 부모가 만드는 것이다. 또한 치사랑도 올바른 내리사랑을 통하여 만들어지는 것이다.

만약 식당의 옆자리 손님이 버릇없이 소란피우는 자기 아이에게 주의를 줄 때 사과와 감사의 뜻을 표하지 못하고 '왜 남의 아이 기죽이고 그래요?' 하고 항의를 했다면 잘못된 부모이며, 아이의 장래를 망가트리는 과보호의 전형이 되고 만다.

부모는 자식을 떠받드는 시종이 아니라 험한 파도를 헤치고 고기를 낚는 어부의 기술을 지도하는 엄격한 조련사나 매니저가 되어야 한다. 이웃에 환영받는 지혜와 인성을 갖춘 사회의 일원으로 양육하고 지도하는 부모가 최상의 스승이며 내리사랑의 주인공이다. 오도된 사랑으로 자란 아이가 치사랑을 모르는 것은 당연하며, 받는 것에만 면역이 되어 주는 것인 보은이란 단어를 애당초 모르게 된다. 이것은 부모의 책임이다. 부모는 후일 자식에게 동냥하듯 치사랑을 말해서는 안 된다. 효는 자연히 싹트는 공경과 보은이어야 하며 강요해서 얻게 되는 보상이 아니다.

우리는 200년쯤 걸려도 어려울 비약적 경제발전을 불과 몇 십 년 만에 후딱 해치운 대단한 민족이다. 이 같은 고도성장이 천민자본주의를 낳고, 갓 쓰고 골프 치는 형국이 되었다. 갑자기 닥친 물질의 풍요를 향유할 만한 정신문화와 가치관이 이를 뒤따르지 못해 사회 곳곳에서 마찰음이 들린다. 과보호와 내리사랑을 분별 못하고 치사랑은 소멸되어 가고 있다. 잊혀져가는 전통과 아름다운 예문화의 복원이 시급하다. 경제성장에 걸 맞는 한국인의 품격 있는 예와 정신이 그 간격을 매꿔야 할 것이다. 효는 '인간의 백 가지 행실 중 근본'이 되는 것이다. 돈 주고 사는 산소만이 아니라 무료로 마시는 공기의 고마움까지 아는 지혜로움이 필요하다. 어린이들의 싸가지(새싹) 교육도 더 늦기 전에 강화되어야 하고, 바른 내리사랑으로 바른 치사랑이 자연스럽게 생성되는 멋스런 사회를 만드는 데 다 함께 앞장서야 하겠다.

효의 정신,
호랑이, 한국인

◉ **우리 민족이 좋아하는** 동물들을 손꼽으라면 아마도 호랑이가 으뜸일 것이다. 2010년은 60년 만에 맞는 '백호(白虎)의 해'라며 이를 기념하는 호랑이전이 연초부터 잇따르고 있는 것만 봐도 그렇다. 민화 '까치와 호랑이'를 비롯하여 호랑이는 의인화되고 희화적인 우리나라 특유의 이미지로 오랫동안 사랑받아왔으며, 또한 선조들은 호랑이를 매와 함께 액땜 '부적(符籍)'으로 그리는 등 생활 속에 깊이 자리하고 있다.

1988년 서울올림픽 마스코트 호돌이는 무서움보다는 친근한 이웃이었다. 용맹하면서도 도움을 주고받을 수 있는 친근한 호돌이, 호랑이는 우리에게 그런 존재다. 또한 호랑이는 새끼를 끔찍하게 위한다. 그렇다 보니 효(孝)에 각별하며 효의 수호신으로 효자와 효부를 도와주는 이야기가 많이 전승되고 있다. 호랑이가 3년 동안 시묘살이를 무사히 마칠 수 있도록 도와주었다는 이야기나, 겨울에 효자를 위해 홍시를 구해주는 설화 등이 그러하다.

하지만 호랑이는 본래 용맹스러운 백수의 제왕이다. 우리는 호랑이를 신비한 영물로, 사악함을 물리치는 상징으로 여겼으며, 용맹할 뿐만 아니라 신성한 존재였다. 그래서 호랑이는 우리에게 신비로운 산군자(山君子), 영험한 산신령(山神靈) 혹은 산중영웅(山中英雄)으로 불리었다.

한 해는 가고 또 오가지만 2010년, 60년 만의 '백 호랑이해'는 우리에게 남다르다. 일본에게 나라를 뺏긴 지 100년이며, 한국전쟁 60주년, 4·19 혁명 50주년이 되는 각별한 해이기 때문이다. 또한 광복 65년을 맞는 해이기도 하다. 대한민국은 또한 제2차 세계대전 후 해방된 많은 국가 중 불과 60여 년 만에 굶주리던 피원조국에서 원조하는 나라로 변신한 지구상 유일한 국가다.

앞으로 60년 뒤 다시 돌아 올 '백 호랑이해'인 경인년, 한국의 위상은 어떠할까? 우리는 틀림없이 최고 선진국 반열에 올라 있을 것이다. 우리 민족의 잠재력이 그만큼 대단하기 때문이다.

인도의 시성 타고르가 일제시절 기고한 글에서 우리나라를 '동방의 등불'이란 명문의 시로 우리를 격려하였으며, 펄벅이 스스로 박진주라는 한국명을 가질 정도로 한국에 대한 많은 애정을 표했으며, 약 140년 전(1874) 프랑스 신부 샤를 달레가 〈조선교회사〉에서 조선인의 인성을 극찬한 것을 아는 이는 드물 것이다. 그는 "조선인의 큰 미덕은 인류애의 법칙을 선천적으로 존중하고 실천하는 것이며, 상호부조와 모든 사람에 대한 흔연한 대접은 이 나라 국민성의 특징이다. 솔직히 그런 장점은 조선인을 현대문명의 이기주의에 물든 여러 민족보다 훨씬 우위에 서게 한다"고 하였다.

영국의 여성 지리학자인 이사벨라 버드 비숍은 100년 전 '조선과 그 이웃 나라들'이라는 저서에서 샤를 달레도 언급한 당시 조선의 민담과 여러 호랑이 이야기를 남긴다. 조선시대 한양의 인왕산을 넘으려면 호랑이가 무서워 여럿이서 무리를 지어 넘어야 했던 것이다.

다만, 비숍의 눈에 비친 조선인의 첫 인상은 달레의 호의적 찬양과는 달랐다. 그는 조선인을 게으르고, 더럽고, 무기력한 민족으로 보았다. 그러나 그는 시베리아를 여행하면서 생각이 바뀌었다. 그 지역의 조선인은 러시아인, 중국인, 일본인들보다 부지런하고 소득이 높은 민족이었기 때문이다. 같은 민족인데도 국내외에서 너무나 다른 모습에 놀란 비숍이 내린 결론은 바로 다름 아닌 국내의 지배계급 '양반' 이었다. 국내에는 양반이라는 흡혈귀가 있어서 놀며 백성을 괴롭혀 열심히 일할 이유가 없었으나, 해외에 나가면 흡혈귀가 없으니 딴 사람이 된다는 것이었다.

이제 해외 한민족이 700만 명을 넘나든다. 그들의 평균소득은 각국 평균소득의 2.5배에 달한다고 한다. 해외에 나가서 갑자기 우수해진 것이 아니라 한민족이 본래 우수하다는 증거다.

문제는 등잔불 밑이다. 해외가 아니라 국내며 네가 아니라 나이다.

한국인의 저력은 타의 추종을 불허한다. 월드컵 응원이나 촛불집회, IMF에서 보듯 애국심과 단결심까지 놀라워 감히 호랑이인들 놀랄 것이며, 선진국의 장벽도 대수일 수 없다. 다만 국회를 난장판으로 만드는 해머와 널뛰기가 부끄럽고, 비숍이 지적한 국내 지배계층 '양반' 의 문제가 아니길 빌어야 할 것 같다. 세계 최고의 자질을 가진 우리 민족이 이처럼 허위와 반칙으로 얼룩져서야 60년이 몇 번 바뀌어도 문 앞에 대령한 선진국에 들어갈 수 없을 것이다.

조선시대나 지금이나 패거리와 부덕한 '양반' 이 문제며, 적어도 법을 만드는 선량들 자신이 법을 뭉개는 한심한 현실과 비민주적 독선은 적보다 무서운 존재이므로 이를 경계해야 할 것이다.

쉬어가는 이야기

불효자의 입사시험

어느 일류대학 졸업생이 한 회사에 이력서를 냈다. 사장이 면접 자리에서 의외의 질문을 던졌다.

"부모님을 목욕시켜 드리거나 닦아 드린 적이 있습니까?"

"한 번도 없습니다."

청년은 정직하게 대답했다.

"그러면, 부모님의 등을 긁어 드린 적은 있나요?"

청년은 잠시 생각했다.

"네, 초등학교에 다닐 때 등을 긁어 드리면 어머니께서 용돈을 주셨죠."

청년은 혹시 입사를 못하게 되는 것은 아닐까 걱정되기 시작했다. 사장은 청년의 마음을 읽은 듯 "실망하지 말고 희망을 가지라"고 위로했다.

정해진 면접이 끝나고 청년이 자리에서 일어나 인사를 하자 사장이 말했다.

"내일 이 시간에 다시 오세요, 하지만 한 가지 조건이 있습니다. 여기 오기 전에 꼭 한 번 어머니를 닦아 드렸으면 좋겠네요. 할 수 있겠어요?"

청년은 그러겠다고 약속했다. 그는 반드시 취업을 해야 할 형편이었다. 아버지는 그가 태어나자 돌아가셨고, 어머니가 품을 팔아 그의 학비를 댔다. 어머니의 바람대로 그는 명문대학에 합격했다. 학비가 어마어마했지만 어머니는 한 번도 힘들다는 말을 한 적이 없다. 청년은 대학합격으로 1차 보답은 했지만, 취직하면 더 돌보아드릴 생각을 했다.

청년이 집에 갔을 때 어머니는 아직 일터에 계셨다. 청년은 생각했다. '어머니는 종일 밖에서 일하시니까 틀림없이 발이 가장 더러울 거야. 그러니 발을 닦아드려야 겠다.' 집에 돌아온 어머니는 아들이 "발을 씻겨 드리겠다"고 하자 의아해했다.

"갑자기 발은 왜? 마음은 고맙지만 내가 닦으마."

어머니는 한사코 발을 내밀지 않았다. 청년은 어쩔 수 없이 어머니를 닦아 드려야 하는 이유를 설명했다. 그러자 어머니의 태도가 금세 바뀌었다. 두말없이 문턱에 걸터앉아 대야에 발을 담갔다. 청년은 오른손으로 조심스레 어머니의 발등을 잡았다. 태어나 처음으로 가까이서 만져보는 어머니의 발이었다. 자신의 하얀 발과 다르게 앙상한 발등이 나무껍질처럼 보였다.

"어머니 그동안 저를 키우시느라 고생 많으셨죠. 이제 제가 은혜를 갚을게요."

"아니다 고생은 무슨…."

"오늘 면접을 본 회사가 유명한 곳이거든요, 제가 취직이 되면 더 이상 고된 일은 하지 마시고 편히 쉬세요."

손에 발바닥이 닿았다. 순간 청년은 숨이 멎었다. 어머니의 발바닥은 시멘트처럼 딱딱하게 굳어 있었고, 도저히 사람의 피부라고 할 수 없을 정도였다. 어머니는 손이 발바닥에 닿았는지조차 모르고 계셨다. 굳은살 때문에 아무런 감각이 없었다. 청년의 손이 가늘게 떨렸다. 그리고 울음을 참으려고 이를 악물었다. 하지만 어깨가 들썩이는 것은 어쩔 수 없었다. 한쪽 어깨에 어머니의 손길이 느껴졌다. 청년은 어머니의 발을 끌어안고 한참을 울었다.

다음날 청년은 사장님에게 말했다.

"어머니가 저 때문에 얼마나 고생하셨는지 이제야 알았습니다. 사장님은 학교에서 배우지 못한 것을 깨우쳐 주셨어요. 정말 감사합니다. 사장님이 아니었다면, 평생 어머니의 발을 살펴볼 생각도 못했을 거예요."

사장은 미소를 지으며 조용히 말했다.

"인사부로 가보게나!"

자식에게 효(孝)를 말하지 마라

수명이 늘면서 노인문제가 심각하다.

서로 미루다보니 아들 둘이라고 자랑하던 부모는 오갈 데가 없고, 차라리 하나인 편이 낫다는 푸념이다. 부모의 어려움을 알면서 고학하며 자란 아이가 부모의 고충을 모르며 보호만 받고 자란 아이보다 부모를 더 공경한다는 통계도 있다. 이는 잘못된 근성이 몸에 다져진 것이나 키울 때는 귀여운 맛에 부모가 미처 이를 감지하지 못하는 경우가 많다는 것을 뜻한다.

성적도 살림도 어려웠던 어느 가난한 산골 소년이 있었다. 그의 부모는 여건이 어려움에도 불구하고 서울의 중학교로 유학을 보냈다. 중학교에서 첫 1학년 성적표를 받던 날, 소년은 차마 고향 부모에게 꼴찌 성적표를 내밀 수 없었다. 어렵게 중학교를 보내주신 부모를 생각하다 별수 없이 성적표를 1등으로 고쳐 부모에게 드렸다. 아버지는 초등학교도 못 다니셨으므로 고친 것을 알아차리지 못할 것이다. 동네 어른들의 등쌀에 아버지는 "이번엔 1등을 했나 베, 앞으로 더 봐야 재"하셨다. "자식 하나는 잘 뒀으니 1등 턱"을 내란다. 소년의 집은 마을에서 가장 가난했다. 어느 날 한 마리뿐인 돼지를 잡아 동네잔치를 하는 기막힌 일이 벌어졌다.

'아부지' 하고 불렀지만 더 이상 말이 나오질 않았다. 소년은 정신없이 달려 나갔다. 소년은 죽어버리고만 싶었다. 그래서 물속에서 숨을 안 쉬어 보기도 하고, 주먹으로 머리를 내리쳐 보기도 했다. 소년은 그 사건 후 변했다. 고학으로 공부하고 20년 후 대학교수가 되었다. 그의 아들이 중학교에 입학했을 때, 30여 년 전의 일을 사과하려고 "아부지, 저 중학교 1학년 때 1등" 하고 말을 꺼내니, 아버지가 "알고 있었다. 그만해라. 손주애가 듣겠다"고 하셨다. 위조한 성적을 알고도 돼지를 잡으신 부모님의 마음을 대학교수가 된 그는 지금도 감히 물을 수가 없다. 숨죽인 효성이 남다를 뿐이다.

한편 그의 친구는 비교적 풍족하였고 고학도 모르는 선망의 대상이었다. 그 친구는 공부도 잘했고 물론 학비 걱정도 없었다. 그의 아버지는 아들은 가문의 기둥이니 뒷바라지를 해야 하다는 일념으로 살았고, 온 동네가 그를 부러워했다. 아들의 무리한 요구까지도 마다 않고 다 해주다 보니 시골가산을 모두 탕진하였다. 이윽고 아들은 의대 합격이라는 목표를 이뤄 마을의 자랑거리가 되었다. 살림이 거덜 난 부모는 당연히 아들 내외와 함께 살 것으로 생각했으나 며느리가 반대했고 믿었던 기둥마저 배신했다. 노후 대책을 못한 부모가 무능한 것이며 자식 학비 댄 것은 부모로서 당연한 일이 아니냐는 며느리의 논리에 노인은 주눅이 들었다.

부모들은 모든 것을 바치나 대접만 받아 온 아이가 부모를 모르세 하는 것은 어쩌면 당연하다. 영악한 애들에게 배운 노인들이 요즘 하는 이야기가 있다.

"가르치지 못한 자식이 효자다."

못 배운 힘든 자식이 오순도순 효도하는 경우를 본다. 무식한 아들놈과 윽박지르며 사는 편이 더 인간스럽단다. 불효자는 부모가 만든다.

Cultural Heritage
Korea

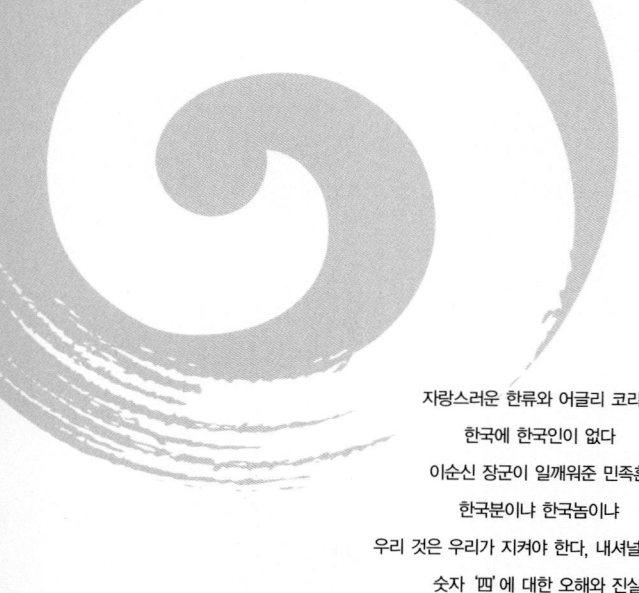

자랑스러운 한류와 어글리 코리언
한국에 한국인이 없다
이순신 장군이 일깨워준 민족혼
한국분이냐 한국놈이냐
우리 것은 우리가 지켜야 한다, 내셔널트러스트
숫자 '四'에 대한 오해와 진실
쇄국에 대한 오해와 고쳐야 할 우리의 폐쇄성
예절은 진부하고, 에티켓은 교양인가
채우려면 비워라!
세계화와 국제화는 같은가?
선진화에도 국격이 있나?
스펙보다 중요한 것은 인성
동양과 서양의 문화 차이

 6장 고쳐야 할
의식과 문화들

자랑스러운 한류와
어글리 코리언

❊ **일본을 비롯한 동남아에서 시작한** 한류 열풍이 세계로 번지고 있다. 요즘처럼 외국인에게 우리나라의 이미지가 긍정적으로 부각된 예는 일찍이 없었다. 우리나라의 매력에 빠져 우리나라를 동경과 선망의 대상으로 여기는 풍조와 이미지 상승은 반가운 현상이 아닐 수 없다. 여기에는 경제발전에 따른 국력과 올림픽·월드컵 등 국제행사의 성공적 개최, 겨울연가·대장금 등 드라마와 영화 같은 문화 콘텐츠가 결정적인 역할을 했을 것이다. 모두 건강한 한국인의 피나는 노력의 결실이며, 이러한 현상의 지속과 국가위상의 제고로 제2의 도약을 꿈꾸어야 하는 것은 당연히 우리의 몫이다.

그러나 커져가는 개방과 해외로 몰려 나가는 여행러시가 이러한 모처럼의 풍조에 찬물을 끼얹고 국가 이미지에 먹칠을 하는 사례로 번져간다면 이는 문제이다. 얼마 전 모방송사의 시사프로그램에서 한국의 부끄러운 '졸부들과 사기한들'이 한류 열풍이 불고 있는 베트남, 필리핀, 중국 등 아시아 각국을 다니면서 밑바닥부터 국가 이미지를 더럽히는 행동을 자행하고 있다는 사실이 방영되었다. 돈 좀 있다며 베트남 아가씨들을 단돈 몇 십 달러에 하룻밤을 사고 마음에 안 든다며 구타를 하는가 하면, 필리핀에서는 골프장에서 골프채로 캐디를 때리고 욕설을 하여 현지 신문에 대서특필된 예도 있다고 한다.

상하이 인근에 위치하는 절강성 이우시는 중국 초대의 도매상가시장으로 급부상한 세계의 슈퍼마켓으로 불리는 곳이다. 이곳에서는 일부 한국인들이 저지른 못된 사기행각으로 인해 현금이 아니면 신용거래가 힘든 실정이 되었다고 한다. 한 관광객은 유람안내원의 옷을 만지더 이것도 옷이라고 입고 다니느냐면서 1백 달러를 꺼내들고 이 돈이면 당신은 1년을 살 수 있을 거라며 조소했다고 한다. 또 어느 베트남인은 한국 드라마를 보고 한국을 좋아하게 됐으나 어글리 코리언들의 추악한 행태를 보고 드라마 속 한국인의 모습이 '모두 거짓'이라는 사실을 알게 되었다며 분노와 배신감을 느끼게 되었다고 한다. 이처럼 외국에서 벌이는 저질 코리언들의 문제는 심각한 상황이다.

미국에서도 어글리 코리언들이 벌이는 나라망신이 눈살을 찌푸리는 모양이다. 학군 따라 위장 전입하는 한국인들이 미 언론의 중심에 서는가 하면, 교육계 부패의 상징인 촌지를 미국에까지 가서 퍼뜨려 말썽을 일으키고 있다고 한다. 한 번도 촌지를 받아본 적이 없는 미국의 한 선생님은 한인 학생들의 부모가 예외 없이 돈 봉투를 내놓는 것을 보고 당혹감을 감추지 못했다고 한다. 한국에서 새던 바가지가 미국에서도 새고 있으며, 이 때문에 선량한 한인들이 도매금으로 비난을 받고 있으니 정말 어처구니없는 일이 아닐 수 없다. 어물전 망신은 꼴뚜기가 시킨다는 말이 있다. 한 가정도, 조직도, 더 나아가 한 나라도 한 명 혹은 소수의 사람들이 망신을 줄 수 있다. 국가의 이미지나 국위선양이란 참으로 귀한 것이다. 쌓기는 어려워도 무너뜨리기는 쉬운 법이다.

중국의 전통혼례 절차 중 문명(問名)이라는 순서가 있다. 문명은 신부의 어머니와 출신가문을 알아보는 절차로 신부의 품성을 모계의 전통과 훈육에서 찾으려는 노력이요 지혜이다. 모계란 뿌리이자 근본을 의미한다. 전통과 근본은 개인이나 국가에게도 중요하다. 한국인은 근본이 없는 추한 졸부이며 사기한이라는 이미지가 새겨질까 두렵다. 이제 자랑스러운 전통의 나라, 건강한 한국인의 본래 모습으로 제2의 도약을 위한 꿈을 키워야 할 때이다.

한국에
한국인이 없다

❋ **오랫동안 고향을 떠나 있다 보면** 향수만 아련할 뿐 고향에 대한 관심이 멀어지게 마련이다. 우리의 고향처럼 중요함에도 불구하고 잊혀져 가는 것들이 있다. 바로 우리의 고유문화와 예절이다.

이제, 우리는 경제규모 세계 10위권이라는 당당한 위치에 서 있다. 덕분에 우리의 위상도 과거와는 비교할 수 없을 정도로 높아졌고, 스스로 '엽전'이라고 자학하던 목소리는 '오! 필승 코리아'의 함성으로 바뀌었다. 나아가 세계가 우리를 벤치마킹(bench-marking)하고 있는 상황으로까지 발전하고 있다.

한때 어려움도 잘못도 있었다. 내 것보다 남의 것과 새것이 좋았다. 가난한 고향이 싫고 도시가 좋았으며, 헌 옷보다 새 옷이 좋았다. 한옥보다 양옥이 좋았고, 그래서 역사적 유물마저 부숴댔다. 김치보다 버터가 좋았으며, 낡은 것보다 새것이 좋았다. 대가족 중심에서 핵가족 중심으로, 부모보다 자식이 우선시되는 사회로 바뀌었다.

그러나 이제, 도시보다 전원주택이 그리워지고, 새 옷보다 해어진 청바지가 유행인 세상이 되었다. 버터는 웰빙(건강)의 적이고 김치가 세계적 음식이며, 신식보다 앤틱(고풍, 낡음)이 고급으로 대접받는다. 핵가족의 문제점이 야기되면서 정통과 효친문제가 틈새를 비집고 나왔다. 역사와 조상은 잘났어도 못났어도 소중한 내 몫임을 스스로 깨우쳐 가고 있는 것이다.

지구촌시대에 주목받기 위해서는 모두와 다른 나만의 독특한 것이 있어야 한다. 그래서 세계인들은 각 나라를 여행하면서 그 민족 고유의 문화에 많은 관심을 가진다.

우리나라도 세계인들의 주목을 받으면서 찾아오는 여행객들이 늘어나고 있는 상황이다. 그들은 명절 때 고속도로가 주차장을 이루고 고향 따라 부모 찾아 떠나는 민족이동의 대장관을 보면서 우리의 전통문화와 뿌리정신에 놀라고 효친사상과 우리의 독특한 가족제도에 경탄한다.

그런데 정작 우리는 우리의 전통과 문화를 잘 모르고 있다. 왜일까? 1905년 일본의 을사조약과 1910년의 한일합방으로 일제가 우리민족혼과의 단절을 꾀한 것이 큰 원인의 하나일 것이다. 국어·역사·고유문화를 빼앗고 창씨개명과 전국의 명산에 대못을 박는 만행과 민족자존과의 접근을 차단하면서 우리 것은 엽전으로 전락하고 남의 것이 최고가 된 것이다. 해방 후는 사상분열과 6.25·4.19·5.16·민주화운동 등으로 이어지는 격동기를 거치며 스스로의 정체성을 회복할 기회를 상실하였고, 먹고살기에 바빠 가르칠 사람도 배울 사람도 없었다. 그나마 구전으로 전통의 맥이 이어져 온 것만도 다행스러운 일이 아닐 수 없다.

이러한 역사적 이유 때문에 '한국에 한국인이 없다'는 말까지 나오게 되었다. 이제는 빼앗긴 전통문화 100년을 되살려야 할 때이다. 우리의 국제적 위상에 걸맞게 우리의 것이 세계의 중심이 되어야 한다. 5,000년이라는 긴 역사를 가진 우리나라는 200년 역사의 미국과는 비교할 수 없을 만큼 자랑스러운 고유문화와 전통예절을 가지고 있다. 엽전이 아닌 오 필승 코리아의 함성이 예절의 나라 전통의 나라에 울려 퍼지는 날을 기대해 본다.

이순신 장군이 일깨워준
민족혼

❀ 얼마 전 KBS1에 방영된 '불멸의 이순신'이 공전의 히트를 하며 종영된 바 있다. 문득 느껴지는 감회에 몇 자 적어본다. 임진년 5월 4일, 제1차 출전 이래 4차에 걸친 17회의 크고 작은 해전에서 적선의 격침·포로로 사로잡은 것이 207척, 대파한 적선은 152척, 또 왜병 33,780명을 격살하였다. 이에 비해 조선 해군은 한 척의 전선 손실도 없었고, 인명 손실은 전상·전사자가 불과 243명에 그쳤다.

'적선 격침·대파가 359 대 0, 사상자가 33,780 대 243'

인류 역사상 전쟁에서 이런 기록은 없다. 그는 36번의 대소 해전에서 단 한 번도 패배한 적이 없다.

일본의 도고 헤이아치로는 러일전쟁의 쓰시마 해전에서 러시아 함대를 전멸시킨 해군제독으로 일본의 '군신' 칭호를 받는 영웅이다. 전승 축하연에서 한 기자가 영국의 넬슨과 비교하는 질문에 그는 "넬슨은 비슷한 수준의 함대로 싸워 이겼으나, 나의 함대는 러시아 발틱 함대의 3분의 1 규모였다"며 자기가 넬슨보다 우위라는 듯이 말했다. 기자가 다시 즈선의 이순신 장군은 어떠냐고 묻자 "이순신 장군에 비하면 나는 일개 하사관에 불과하다. 만일 이순신 장군이 나의 함대를 가졌다면 세계의 바다를 제패했을 것이다"라고 대답했다고 한다.

일본의 와키자카라는 장수는 명예를 중시하고 덕으로 적을 수하로 만드는 특별한 능력을 가진 사람이다. 그는 조선육군을 물리쳐 명성을 얻은 명장이었다. 그가 듣지도 못한 이순신 장군에게 대패하고 "나는 이순신이라는 조선의 장수를 몰랐다. 단지 해전에서 몇 번 이긴 그런 정도로 생각했으나 그는 달랐다. 나는 두려움에 떨려 음식을 먹을 수가 없었고, 앞으로 나의 직무를 다할 수 있을지 의문이다"라 하였다고 한다. 또 "내가 제일로 두려워하는 사람은 이순신이며, 가장 미운 사람도 가장 흠모하는 사람도 이순신"이라고 하였다.

1592년에 발발한 임진왜란 이후에도 일본은 명성황후를 시해하고 1905년 을사조약으로 외교권의 침탈과 1910년의 한일합방과 식민통치에 이어 드디어 광복 60년이 되었다. 이순신 장군 같은 훌륭한 선조의 당당한 후손이기 위해서도 민족혼의 복원이 시급하다.

지금 세계는 기울어져 가는 서양문화의 대안을 동양문화에서 찾으려 하고 있다. 그 중에서

우리 민족 최고의 영웅으로 여겨지고 있는 이순신 장군

도 특히 우리나라의 문화에서 찾으려는 외국의 연구와 관심이 점점 커지고 있다.

그러나 문제는 우리 자신에게 있다. 막상 우리 스스로가 우리의 문화에 대한 성찰이 부족하다는 지적이 많기 때문이다. 물론 이는 일제 36년의 지배가 가져온 결과이기도 하다. 식민통치는 피지배국의 국어와 역사, 전통문화를 단절시켜 정체성의 말살을 꾀하게 마련이다. 명산의 혈을 골라 쇠못을 박고 창씨개명까지 한 일본이다. 그렇다고 우리가 일본의 놀음에 놀아날 수는 없는 노릇이다.

글로벌시대에는 우리의 것이 가장 세계적인 것이 된다. 훌륭한 우리의 고유문화와 전통예절을 복원하고 우리의 민족혼과 정체성 회복으로 일본과 세계가 다시 놀랄 제2한강의 기적을 이루어 내야 하겠다.

한국분이냐
한국놈이냐

◉ **우리나라 사람들은** 본래부터 돈을 멀리 해왔다. 청렴결백한 선비의 삶이 곧 고귀한 삶이었으며, 법정 스님의 '무소유의 삶'을 기리는 것도 같은 맥락의 하나이다. 예로부터 돈을 만지던 장사치는 장돌뱅이였지 선비가 아니었다.

현재 우리나라는 부자와 재벌을 부패와 착취의 대명사로 여기는 문화가 지배적이 되어버렸다. 왜 이런 풍조가 생겼을까? 우리에게 자본주의라는 옷이 마치 졸부의 서재에 꽂힌 장식용 도서처럼 체질적으로 맞지 않기 때문일까? 꼭 H그룹 모 회장의 사건이 터져서가 아니라, 가진 자의 부도덕은 지탄받아야 하며 졸부와 뒷골목의 부조리는 지켜보기에도 부끄럽다.

사실 이 수치스러운 현상은 우리에게도 원죄가 있다. 일제 침략은 민족의 정체성을 깊이 흔들어 놓았다. 덕분에 고양이에게 생선가게를 맡기듯이, 제 나라를 팔아먹은 친일파들을 숙청하기는커녕 급하다는 이유로 요직에 특채하여 쓴 것이 잘못의 시작이었다. 무엇보다 단죄 받아야 할 이들의 건재함은 가치기준에 혼선을 야기했다. 그 후 두 번의 쿠데타도 가치관의 혼돈을 가져왔다. 비정상적인 정권이 권좌를 차지하고, 정상이었던 국민은 자신의 의지와 관계없이 어둠의 거리를 헤매야 했다.

사람은 환경의 지배를 받기 마련이라, 이런 환경 속에서 우리도 모르는 사이 부정에 길들여져 버렸다. 용기 있는 자가 꾸짖으면, "그래, 나 원래부터 그런 사람이다 왜!" 하며 대어들었고, 가장은 "도둑이면 어때? 기왕지사 한 번 잘 살아나 보자!"라며 돈을 미끼로 구성원을 회유했다. "안녕하세요!"라는 반가운 인사는 돈 봉투가 대신하였고, '돈'이라는 거대한 영웅이 우리사회를 지배하고 모든 일이 금전적 가치에 의해 그 중요성이 재단되는 세상이 되어버렸다. 결국 깡패도 경찰도 모두가 돈의 영웅 앞에 무기력한 노예가 되어버린 셈이다.

잘못된 시작과 가치관 혼돈의 시대를 털고, 정당한 부의 세습과 기업의 사회적 책임, 투명한 정의사회 구현을 위하여 모두 앞장서야 할 때이다. 부와 권좌도 능력으로 인정되고 존경받는 사회가 살맛나는 사회인 것이다. 사실, 자본주의 국가의 원조 격인 미국에서는 돈이 우대를 받는다. 그들은 돈을 깨끗하고 소중하게 다루며, 항상 펴서 지갑에 넣고, 접더라도 정확하게 반을 접어 클립으로 끼워서 갖고 다닌다. 또 그들은 빈손으로 성공한 경우를 자랑 중 가장 큰 자랑으로 여기며, 백만장자는 많은 사람들이 존경하는 대상이 되어 있다. 이것이 21세기에 걸맞은 당당하고 희망찬 '패러다임'일 것이다.

우리도 해낼 수 있다. 거의 세계 최빈국에서 당대에 세계 경제규모 10위권에 오르고, IMF 경제위기를 채 2년 남짓 만에 벗어난 유일한 나라이며, 월드컵 4강도 후딱 해치워 버린 민족이다. 이제 과거의 잘못과 원죄도 영광의 밑그림이 되어야 한다. 수치를 알면 그것을 극복할 수 있다.

죽어도 반성 없는 일본처럼 될 것이냐, 아니면 후손에게 과거의 부끄러움을 가르치는 독일처럼 될 것이냐? 이제 후일 세계가 우리를 한국분으로 부를 것인지, 그늘진 한국놈으로 부를 것인지는 우리의 선택에 달려 있다.

우리 것은 우리가 지켜야 한다, 내셔널트러스트

❋ **우리에게 내셔널트러스트 운동은** 다소 생소하다. 우리는 예로부터 동유재산이라는 것이 있었다. 동유(洞有)란 마을공동체의 재산으로 구성원 모두가 동의하더라도 개인소유와 처분의 대상이 될 수 없는 것을 말한다. 이는 1895년, 영국에서 시작된 내셔널트러스트와 맥이 닿아있다. 내셔널트러스트운동은 국민신탁운동으로서 약칭은 NT(National Trust for Places of Historic Interest or Natural Beauty)이며, 시민들의 자발적인 모금 등을 통해 보존가치가 있는 자산을 확보하는 시민주도의 환경운동이었다.

상대적으로 늦었으나 미국은 50여 년이 넘는 NT 역사와 민관협조가 잘되는 나라로 알려져 있다. 미국은 크게 2가지 형태인데, 민간은 초대 대통령 조지워싱턴의 저택과 같은 중요 역사물의 보존을 위한 기금 마련에 힘쓰고, 정부는 자연경관과 국립공원 등 자연유산의 보호에 역점을 두는 식이다. 내셔널트러스트 설립에 관한 법률은 1949년 10월에 통과되었고, 문화유산 내셔널트러스트협회는 4명의 직원으로 조촐하게 출범했으나, 이제 27만여 명의 회원과 6개의 지방사무소, 유명 역사건축물들을 소유하고 있어, 미국에서 영향력 있는 문화유산 관련 민간기관으로 변모하였다.

이처럼 내셔널트러스트가 정착할 수 있었던 것은 시민들의 자연자원이나 전통 문화유산에 대한 깊은 관심과 지원이 있었기 때문이었다. 2차 세계대전 이후 미국 경제의 호황으로 도로 및 도시개발 등이 폭증하면서 많은 문화유산이 훼손될 위기에 처하자 내셔널트러스트가 시민운동으로 전개되어, 1,600개가 넘는 지역사회가 이 프로그램을 도입하고, 재활용된 건물이 79,000개, 쇠락해가던 다운타운의 역사건물이 보존되는 성과를 거뒀다. 이는 문화재 보존과 경제적 관점이 접목된 성과이다. NT 운동은 영국이 최초로 시작한 이래 미국, 호주, 일본, 뉴질랜드 등 30여 국가에서 시행되고 있다.

우리나라에서 NT 형식의 운동이 시작된 것은 1990년대부터이다. 국내 내셔널트러스트는 그간 광주 '무등산공유화운동'을 비롯, 강화군 매화마을 군락지, 미술사학자 최순우 고택(古宅), 희귀동물 서식지인 동강 제장마을 등을 시민유산 1, 2, 3호로 보전했다. 2007년 3월 '국민신탁법(문화유산과 자연환경자산에 관한 국민신탁법)'이 통과되고 근래 서울 서초구에서 민관협동의 '우면산 살리기 운동'을 펼치는 등 NT 운동이 번지는 것은 고무적 현상이다. 이는 정부가 다루기 힘든 부분을 시민의 자발적 노력으로 문화유산 보존에 나서 민관의 파트너십을 구축하는 일이므로 아주 중요한 일임에 틀림없다.

전통과 문화는 계승하는 자의 것이다. 이것 없이는 절대 문화민족일 수 없다. 미국의 역사가 기껏 200여 년 정도밖에 되지 않으나, 그 짧은 역사에도 문화적 자산이라고 생각되는 것들은 작은 것 하나 소홀함 없이 보존하려는 움직임이 있었기에 오늘의 미국이 있는 것이다. 우리나라의 NT 운동이 성공하려면 국민의 관심과 많은 정부지원도 필요하다.

숫자 '四'에 대한 오해와 진실

아름다운 꽃, 사랑하는 사람, 기뻤던 추억을 떠올리면 그것만으로도 즐겁다. 손주를 사랑하는 할아버지의 표정은 언제나 행복하다. 숫자에 대한 생각과 연상도 사람 따라 인연 따라 다를 수 있으나, 일관성이 없다면 무언가 잘못된 것이다. 특히 숫자 4(四)가 그렇다. 네잎 클로버를 발견한 소녀는 '행운을 잡았다'고 기뻐하고, 혼인을 앞둔 선남선녀에게 '4'란 선비 사(士)로 상징되어 좋은 배필을 뜻하기도 하나, 한편 죽을 사(死)로 연결되어 기피되는 점은 참으로 이상한 일이다. 우리의 언어문화에는 유난히 3과 4가 많이 들어가고 얽힌 이야기도 많다. 흥미 있는 것은, 3은 주로 신과 관련된 곳에, 4는 주로 인간의 생활문화와 관련된 숫자로 많이 쓰인다는 점이다. 특히 신에 대한 3과의 연관은 어느 민족에게나 같다. 단군신화에서 환웅이 천부인 3개를 가지고 땅에 내려온 전설이나, 무리 삼천을 거느리고 왔다는 것이나, 고구려의 수호신 세발 달린 삼족오도 그러한 것이다. 불교의 삼존불이나 가톨릭(개신교)의 성부·성자·성령(신)으로 하느님을 삼위일체로 칭하는 것이나, 심지어 토속신앙에서 삼신할머니에게 소원을 비는 것도 그러하다. 가장 완전한 존재인 신을 나타내는 데 3이라는 숫자는 세계적인 보편적 문화현상이다.

우리는 예로부터 4를 죽음의 숫자로 본 적이 없다. 오히려 일상생활과 뗄 수 없는 중요한 관계이다. 4방은 동·서·남·북을 말하며, 4계절은 봄·여름·가을·겨울이다. 조선왕조실록은 4질을 만들어 4곳(정족산, 태백산, 오대산, 적상산)에 보관했으며, 600년 전 수도 서울을 만들 때도 북악산·남산·인왕산·낙산을 서울을 지키는 4대 명산으로 보았고, 사대문(四大門)을 두었다. 친척이 없으면 사고무친(四顧無親), 신랑신부의 생년·월·일·시는 사주라 하였다. 대표적인 한약의 이름까지도 사군자탕(四君子湯)과 사물탕(四物湯)이고, 심지어 무덤의 장명등까지 사방을 밝히는 구멍이 4개며, 높은 경지에 오른 사람은 4대 성인이다.

이처럼 우리에게 4라는 숫자는 자연의 섭리(4방위와 4계절 등)이고 생활이었다. 이러한 4가 언제부터 기피의 대상이 되었는가. 국가보훈처의 '생활 속의 일제 잔재 몰아내기'에 의하면 四가 死로 연결된 것은 개화기 이후 일제시대부터인 것으로 보인다. 일제에 의해 왜곡되고 없어진 것이 역사뿐 아니라 문화 전반에 걸쳐 엄청나다. 4의 잘못된 관념은 건물의 층수가 잘 가다가 4층이 갑자기 F로 바뀐다든지, 4가 들어간 숫자를 기피하는 생활 속의 엄청난 불편을 야기한다. 아이가 자라서 어른이 되어도 4는 죽음의 의미로 알 것이다. 그만큼 언어문화는 엄청난 영향력을 가진다.

우리나라가 발사한 아리랑 2호로 위성선진국의 대열에 들었다는 기쁜 기사 중 위성의 호수를 헤아리는 숫자에 4를 빼고 5로 건너뛴다는 내용이 있었다. 국가기관에서 쏘아 올리는 위성에까지 이 정도면 먼 훗날 우리 후손들이 이 시대를 어떻게 평가할지 두려울 정도다. 이제 우리나라가 독립한 지도 60년을 넘어서고 있다. 국토와 나라는 되찾았으나 잃어버린 우리의 문화는 아직 되찾지 못한 것이 헤아릴 수도 없이 많다. 지금부터라도 우리의 고유문화를 되찾는 일에 좀 더 힘을 기울여야 하겠다는 생각이다.

쇄국에 대한 오해와 고쳐야 할
우리의 폐쇄성

　　　　　　　　　🏵 어려서 보고 배운 것은 장성해서도 영향을 미친다. 배고팠던 시절의 백자는 쌀 한 되보다도 못해 개밥그릇으로 쓰이면서도 그러려니 하였고, 우리민족이 못나서 잘난 일본인에 당하는 것으로 여겼으며, 세계 물정을 몰라 대원군이 쇄국정책을 구사한 것으로 보고 들었다. 듣기 좋게 '조용한 아침의 나라', '은자의 나라'라고들 말하니, 패권이 판치는 국제 정세에 동요하지 않고 초연히 민족의 정체성을 지켜온 것이 우리나라가 아니었던가 싶은 멋스러운 느낌이 차라리 위안이었다.

　　대원군의 쇄국정책이 시대를 역행한 정책으로 일제의 식민 지배를 자초한 것으로 배웠으나, 사실은 이것이 쓰러져가는 왕조를 지키기 위해 펼친 일련의 자주적 개혁정책이었다는 생각은 미처 하지 못했다. 조선을 '은자의 나라'라고 한 것은 미국인 그리피스(W.E.Griffis)가 〈은자의 나라, 한국(1882)〉이라는 책에서 대한제국의 멸망을 필연으로 보고, 세계에 닫힌 나라로 묘사한 데서 연유한다. 하지만 '은자의 나라'는 무지였거나 왜곡된 표현이다. 우리 스

1882년에 톈진의 「양시태사진관」에서 촬영한 대원군의 모습

스로가 자신을 '쇄국'으로 오해하는 것은 그 자체가 자학적 역사 인식이며, 쇄국정책은 한때의 임기응변적인 정책으로 보아야 할 것이다.

고구려가 705년간 존속하는 동안 흥하고 망했던 중국 36개 왕조에게 고구려는 두려움의 대상이었다. 단 15년간 존속한 만리장성의 진나라와 비교도 안 되게 세계에서 유례없는 천년왕조를 구가한 신라는 이미 로마와 교류하고 있었다. 고려는 이웃나라의 대장경들을 모아 세계에서 가장 방대하고 완벽한 '팔만대장경'을 완성했고, 장보고는 동북아 국제관계를 일신하며 해상강국 고려의 기틀을 마련했다. 또한 세계 종교 사상 기독교를 자율적으로 수용한 나라는 우리뿐으로, 우리나라는 결코 담을 쌓고 안주한 나라가 아니었다.

한 나라의 세계화는 보편적 가치의 공유만이 아닌 독창적 가치의 창출로 더욱 보장될 수 있다. 그래서 민족적 개별성이야말로 가장 세계적인 것이 될 수 있는 것이다. 우리는 유네스코에 세계문화유산이나 기록유산과 무형유산으로 등록된 것이 14건이나 되며, 20세기에 이룬 '한강의 기적'은 세계 10위권의 교역국으로 만들었고, 민주화로 국가위상의 상승 또한 높은 상황에 이르렀다. 88올림픽과 2002월드컵 4위, 9천 명이 넘는 선교사를 해외에 파견하고 있는 세계 제2위의 선교국 등으로 '세계 속의 한국'은 활기차다. 마침

내 한국인 UN사무총장의 탄생은 우리 국력과 위상이 반영된 보람찬 성취라 할 수 있을 것이다.

그럼에도 불구하고 세계를 받아들이는 우리의 자세는 폐쇄적인 점이 많다. 가난한 이웃국가의 산업연수생에 대한 편견이나, 단일민족이라는 지나친 순혈주의가 그렇다. FTA에 대한 태도로도 국가적 합의는 당연하나 편향적 반대성향이 있다. 이제 시대는 잘 교육받은 한국인이 보다 넓은 세계로 나와 활동하기를 요구하고 있다. 청년실업의 해소문제도 안에서만이 아닌, IT인력 등 선진기술을 바탕으로 밖에서, 세계 속에서 찾아볼 필요가 있다. 우리는 길을 내면서 세계로 미래로 나아가야 한다.

예절은 진부하고, 에티켓은 교양인가

◉ 요즘 사람들이 '예절' 이라고 하면 우선 진부하고 시대에 뒤떨어진 것이라는 생각을 하고, '에티켓' 혹은 '매너' 라 하면 이것이야 말로 현대인이 알아서 행해야 할 것이라고 여기는 경향이 있다. 알고 보면 예절이나 에티켓 혹은 매너가 같은 뜻인데도 무슨 까닭으로 우리말인 예절에는 거부감을 보이고 외래어인 에티켓이나 매너라고 하면 멋지게 보며 그것은 해야 할 것이라고 여기는지 모르겠다.

서양 음식을 먹는 식탁 매너는 지켜야 하면서도 우리 음식을 먹는 식사 예절은 아무래도 좋다든지, 손님을 맞는 우리의 잔치 예절은 몰라도 서양식의 파티 에티켓은 지켜야 한다는 생각이라면 앞뒤가 안 맞는 일이다.

예절과 에티켓은 표기만 달리했을 뿐이다. 굳이 따진다면 예절은 우리나라의 것이고 에티켓과 매너는 주로 서구 예절을 말할 때 쓰인다는 정도다. 우리 것을 모른 체 외래문화에만 열중하고자 하는 것이 과연 우리 현대인의 자화상인가? 그러고도 외국 사람에게 나는 자랑스러운 한국인이라고 말할 수 있는지 모르겠다. 서양의 에티켓은 우리의 것이 아니므로 몰라도 된다는 뜻은 아니다. 전에는 그들과 접촉이 별로 없었으니 므르고 지내도 별 문제가 없었다. 그러나 현대는 사정이 다르다. 우선 우리가 입는 양복부터 서양의 옷이기 때문에 현대인의 복장 예절은 당연히 서양의 에티켓에 따라 행해지고, 양식을 먹으려면 역시 서양의 식탁매너를 알아야 한다.

더욱이 현대는 시골에서 구멍가게만 하는 시대가 아니라 국제무대를 중심으로 비즈니스가 이루어진다. 우리나라를 찾는 외국인들도 각기 생활관습이 다르고 언어도 다르다. 우리도 외국을 방문하는 기회가 빈번하여 그들과 더불어 살고 있으므로 자연스럽게 서구인들과 어울리면서, 우리도 그들의 생활관습과 에티켓을 알아두어야 할 것이다.

외국인과의 사이에 생기는 에피소드를 보자. 일본인은 밥그릇을 손으로 들고 먹고, 우리는 밥상에 놓고 먹는다. 우리는 일본인을 거지처럼 밥그릇을 들고 먹는다고 여기며, 일본인은 한국인을 개처럼 바닥에 놓고 먹는다고 생각한다. 조선 말기에 한 외국인이 결혼식에서 신랑을 묶고 발바닥을 때리는 뒤풀이를 보곤 사형시킬 죄수냐는 질문에 뭣 모르고 예스라고 했더니 소지한 총으로 신랑을 쏴 버렸다는 우스갯소리도 있다.

문화와 관습의 차이는 크다. 따라서 우리나라에 온 외국인을 대할 때 당황하는 경우가 있다. 외국에서는 외국의 에티켓을 도르면 당연히 당황스러울 것이나, 우리나라에서라면 외국인에게 우리의 예절로 편하게 대하면 될 것이다. 외국인과의 접촉이 빈번해지고 있는 요즘, 품격 있는 한국인이 되기 위해서라도 우리의 것을 좀 더 알아둘 필요가 있다. 내 것을 모른 체 남의 것만을 따르려 한다면 부끄러운 일이 아닐 수 없을 것이다.

채우려면
비워라!

🏵 **살다보면 내 안의** 많은 것들을 비우지 않으면 안 될 때가 있고, 가슴도 휴가 보내고 싶어질 때가 있다. 그때 누군가 "채우려면 비우고 얻으려면 버리라"고 하였다. 뭔가 심오한 철학적 의미가 담긴 것 같기도 하고 산사의 도통한 스님들이나 쓰는 말 같기도 하여 어렵게 들린다.

어떤 사람은 비우지 말고 큰 그릇에 채우라고 말한다. 안 되면 그릇을 리모델링해서라도 채우는 것이 중요하다는 것이다. 솔직히 기껏 채운 거 비우기란 아깝다. 하지만 쓴 약이 몸에 이롭듯이 어려운 말이 진리인지도 모르겠다.

처음 골프를 배울 때 코치가 하는 첫 마디가 힘을 빼라고 하였다. 잘 치려면 힘을 빼야 한다지만 계속 힘이 들어갔다. 한 3년 지나니 어렴풋이 짐작이 갔다. 테니스도 위력 있는 서브 볼을 치려면 힘을 빼라고 말하며, 힘이 잔뜩 들어가면 제대로 된 볼이 나오지 않는다고 한다. 붓글씨를 쓸 때도 놓칠 듯

말 듯 힘을 빼야 하고, 아는 이야기지만 등산 역시 특히 하산할 때는 다리 힘을 빼야 힘이 덜 들고 무릎 관절도 보호할 수 있다.

예로부터 우리나라의 옛 부자로 300여 년 동안 부를 누렸다는 경주 최 부잣집과 거상 임상옥의 이야기는 유명하다. 그들은 비록 경제학을 몰랐으나 지금도 의로운 인물들로 기억된다. 최 부잣집에 관한 이야기는 이미 잘 알려져 있지만 제일 먼저 기억에 떠오르는 것은 집안의 가훈(六訓)을 들 수 있을 것이다. 그 가훈은 다음과 같다.

① 과거는 보되 진사 이상의 벼슬은 하지 마라.
② 만 석 이상의 재산을 모으지 말며 만석이 넘으면 사회에 환원하라.
③ 흉년에는 남의 땅을 사지 마라.
④ 과객을 후하게 대접하라.
⑤ 며느리들은 시집온 뒤 3년간은 무명옷을 입어라.
⑥ 사방 100리(80km) 안에 굶어죽는 사람이 없도록 하라.

1671년 현종 신해년에 삼남지방에 큰 흉년이 들었을 때, 집 바깥마당에 큰 솥을 걸고 그 집의 800석이 든 곡간을 헐었다. 모든 사람이 굶어죽는 형편인데 나 혼자 재물을 가지고 있으면 무엇하냐며 굶는 이들에게 죽을 끓여 먹이고, 헐벗은 이에게는 옷을 입혀주어 수천 수만 명의 인명을 이어주는 구휼에 곡간의 재물을 비운 것이다.

"큰 것을 채우려면 먼저 비워라."
이것은 거상 임상옥이 남긴 말이다.

거상 임상옥은 최인호가 쓴 소설 '상도'가 나오면서 잘 알려진 조선조 후기의 부자이다. 1779년 평안북도 의주에서 태어난 가포 임상옥은 한참 때 사무실에서 회계 일을 보는 직원 수만 70명이 넘었고 그의 재산을 은덩이로 쌓으면 마이산만 하다고 비유할 정도였다.

당시 조선왕조가 비축한 국고 중 은자가 42만 냥인데 임상옥의 인삼교역액은 100만 냥이었다니 임상옥이 보유한 은자가 어느 정도였는지 짐작이 갈 것이다. 그러나 그가 얼마나 부자였는지보다 벌어들인 돈이 난세에 어떻게 쓰였느냐가 더 중요하다. 그는 자신이 살고 있는 의주에 홍수와 전염병이 돌았을 때에 곡간을 열어 곡식을 풀었고, 죽기 전에는 채무자의 모든 빚을 탕감하고, 모았던 재산을 사회에 환원하는 데 적극적이었다.

임상옥 그는 150년 전에 이 땅에서 살다간 사람이나 지금도 우리들의 가슴 속에 감동으로 남아 있다.

현재, 미국의 워런 버핏은 빌 게이츠에 이어 세계 2번째 갑부며 주식투자가로도 유명하다.

2008년 9월 금융위기가 발생하자 "미국 시장을 믿는다"며 계속 주식을 사들여 투자가들의 우려대로 많은 재산을 잃었다. 그는 "예전의 감각을 잃었다"는 조소와 비판을 받았으나 예전보다 더 존경받는 부자가 되었다. 이는 모두가 비관론으로 자기 돈 챙기기에 급급할 때 풀었기 때문이며, 자선사업에 많은 돈을 지원했기 때문이기도 하다.

최근 버핏을 더욱 존경하게 만든 것은 버핏의 아들인 하워드 버핏(54)이 부자 아버지가 주는 편한 삶을 뒤로하고 아프리카의 주민들에게 농작물 재배법을 가르치고 있다는 월스트리트의 기사 때문이었다. 하워드는 자신의 자선재단을 통하여 굶주리는 아프리카 농부들이 농사를 지을 수 있도록 종묘 제공과 기술을 전수하는 일에 일생을 보내고 있다. 하워드는 비즈니스로 아프리카를 다니다 가난한 농부들의 처참한 삶을 보고 이 같은 일을 시작했다고 한다. 아버지에 이어 아들 대에까지 비우는 작업이 계속되고 있는 것이다. 얼핏 보기에 병들어 쓰러질 것 같은 미국이 세계 초강대국의 명맥을 유지하는 힘이 어디서 나오는지 알 것 같다.

식물인 단풍까지도 겨울나기를 위하여 최소한의 것만 남기고 필요 없는 부분을 비우는 생존의 노력을 한다. 예수가 빈 마음으로 십자가의 죽음을 받아들이지 않았다면 오늘의 기독교가 존재할까? 불타가 왕자의 신분을 버리지 못했으면 불교라는 그릇을 채우지 못했을 것이다.

평소 인상 깊었던 고사가 있다. 중국의 주나라 문왕이 찻잔을 가득 채우지 않고 항상 3분의 1 정도 비워두는 것을 이상하게 여긴 신하가 그 이유를 물었다. 문왕은 "잔을 가득 채우면 새로운 것을 받아들일 여지가 없다"고 하였다.

"채우려면 비워라."

얼마나 멋진 말인가? 무엇인가 채우려면 먼저 비워야 한다. 밥을 담을 수 있는 건 그릇이 비어있기 때문이다.

세계화와 국제화는 같은가?

◉ **국가 간 교류가 많아지면서** 세계화 혹은 국제화라는 용어가 유행인 시대이다. 일상생활의 형태와 내용도 많이 변하고 있다. 우리가 입는 평상복은 전통의 한복으로부터 서양의 양복이 된 지 오래이다. 음식도 서양인은 육류를 즐기고, 인도인은 채식을, 중국인은 기름진 음식을 좋아하며, 한국인은 매운 맛을 즐기는 등 다양하나 맛의 세계마저 서로 국경을 넘나든다. 나라 간의 자본이동도 빈번하다보니 국제통화위기가 조성되고, 인터넷은 이미 국경을 초월한 세계화의 첨병이 되었다.

이처럼 국제적 삶의 방식은 전문가의 전유물이 아닌 구성원의 상식이 되었다. 요즘 유행인 글로벌이나 세계화, 국제화라는 용어는 과연 무슨 의미인지 한 번 살펴보자.

세계화, 즉 글로벌(Globalization)이란 각국의 경제가 세계경제로 통합되는 것을 뜻하였다. 즉 국가 간에 존재하던 상품이나 서비스, 자본, 노동, 정보 등에 대한 장벽이 제거되어 세계가 거대한 단일시장으로 통합되는 것을 말하며, 이른바 '국경 없는 세계(Borderless)'를 의미하는 지구촌(Global Village)이라는 말과 같은 뜻이다. 미국 하버드 비즈니스 스쿨의 데오도르 레빗 교수가 1983년 'Globalization of Markets'란 글을 발표하면서 등장한 말로 알려졌으며, 레빗은 "각국 소비자의 기호에 맞게 상품을 생산·공급하는 다국적 기업 시대는 가고, '규모의 경제(economics of scale)'를 실현한 글로벌기업이 활약하는 세상이 올 것"이라고 예측했다. 이로 인해 국경개념이 무너지고 경쟁력 있는 글로벌기업이 세계 소비시장을 석권할 것이라는 주장인 것이다.

이처럼 세계화(Globalization)는 지구 전체가 마치 한 마을처럼 나라 간의 국경을 초월하는 하나의 지구촌이 된 세계를 의미한다. 그러나 국제화(Internationalization)는 다른 나라의 국경과 고유성을 인정하면서 이루어지는 국가 간의 교류를 말하므로 그 의미가 다르다. 즉 나라 간의 국경을 서로 인정하고 보호하면서 경제, 정치, 문화적으로 다른 나라와 교류하는 것을 뜻한다.

소규모 부족국가가 아니라면 다른 나라와의 관계가 생기게 될 것이므로 국제화는 오랜 역사의 소산이며, 오늘의 관점에서 보면 세계화로 변화해 가는 일종의 과정일 것이다. 즉 세계화와 국제화의 차이는 국경의 존재를 인정하는가의 여부이며, 이에 따라 국가정책에도 큰 변화가 발생한다. 김영삼 정부시절, 미처 개념정리가 안 된 채 '이제 세계화'라며 성급히 목청을 높이다가 결국 구호로 끝났으며 임기가 되기도 전에 세계화란 용어 자체가 쏙 들어가 버린 사례가 있다.

예를 들어 어느 여주인공의 의상이 한복을 근거로 한 변형이었다면, 한국적인 것을 국제적으로 통하게 디자인한 것이므로 한복의 국제화이지만, 어느 애니메이션에 나오는 주인공의 생김새나 의상이 고대 동양풍 같기도 하고 중세 유럽풍 같기도 하며 국적 없이 모호하나 어느 나라에서나 거부감 없이 통할 수 있게 디자인된 것이라면 이것은 세계화라고 할 수 있다.

이처럼 세계화는 국가 간의 차이를 무시하고 일률적인 규격, 규범, 가치관을 통용시키는 것이다. 이는 군사, 경제적으로 강한 국가의 것이 세계적 표준으로 강요될 가능성이 높다. 약한 나라는 강한 나라의 상품을 규제하거나 자국의 산업을 보호할 권리가 없어지므로 자국의 형편을 고려하지 않고 세계화를 함부로 부르짖다가는 사회적 혼란을 야기하고 자충수에 빠질 수 있다.

전쟁 없는 세계라거나 지구촌, 하나의 시장이란 멋져 보이지만, 국경은 엄연히 존재하고 빈부의 격차는 있으며 민족과 종교의 갈등도 상존하므로 세계화는 쉬운 일이 아니다.

무역 및 자본자유화를 중심으로 한 세계화는 세계경제의 성장에 기여하는 긍정적 효과가 있는 반면에, 소득분배의 불균형, 국제 금융시장의 불안, 환경오염 등 부정적 측면도 유발하므로 글로벌 스탠다드는 강자의 국가이익을 대변한다는 반론도 있다. 하지만 세계화는 추세이며, 범을 잡으려면 범의 굴에 들어가야 하듯 약한 나라가 틈새시장을 활용하고 머리와 자국문화를 기반으로 빈곤의 탈출기회를 찾는 계기가 될 수도 있을 것이다. 따라서 저항 일변도보다 이를 타개할 수 있는 지혜와 정책기조가 선행되어야 한다.

이제 세계무대에서 경쟁하려면 무엇보다 지피지기(知彼知己)이다. 적을 모르고 나를 모른다면 백전백패할 것이다. 세계적 도약을 위하여 타문화의 이해와 대처는 중대하나, 우리의 것을 모르고 잊은 채 타문화에만 편향되는 것은 더욱 경계해야 한다.

글로벌시대에는 우리의 것이 세계의 중심에 서야 하며, 타문화의 추종만으로는 결코 최고가 될 수 없다. 따라서 우리만의 한국문화와 정체성을 가꿔야 하며, 동방예의지국의 복원 또한 선진세계화로 가는 덕목이 될 것이다.

선진화에도 국격이 있나?

❋ **얼마전 이명박 대통령은** "G20 정상회의 유치는 대한민국이 선진국으로 진입하는, 국운이 상승하는 획기적인 일"이라며 "다 함께 국운 상승을 위해 노력하자"고 했다. 또한, 정부는 G20 정상회의를 앞두고 국격(國格)을 높이기 위한 과제 80개를 선정해 시행하겠다고 밝혔다.

국격은 국가의 품위나 품격을 가리키는 말로 경제력이나 군사강국이라고 해서 자동으로 높아지는 것이 아니다. 우리나라는 압축 성장을 통하여 최빈국에서 G20으로 국제적인 정치적·경제적 위상이 올라갔지만 국격도 함께 높아졌다고 보긴 힘들다. 한 여론조사기관이 지난해 외국인 2500명을 대상으로 '한국 이미지'를 조사한 결과 '긍정적'이라는 답은 46.9%에 그쳤다.

우리나라는 광복의 혼란과 6.25의 폐허 속에서 외국 원조로 연명하던 어려웠던 시절이 불과 5~60년 전인데 이제 세계경제규모 10위권에 올라섰다 하여 세계가 경이로운 눈으로 보고 있다. 자전거는 고사하고 연필깎이 하나 제대로 못 만들던 한국이 자동차 강국·IT 강국이 되었고, 휴대전화와 가전

제품이 세계시장을 압도하며, 대형선박을 우리의 힘으로 만들기까지 숱한 고난을 겪었다. 지난 50여 년간 '잘살아보세'란 일념으로 오늘의 대한민국을 일구어냈다.

한때 '한국에서 민주주의란 쓰레기통에서 장미를 구하기보다 어렵다'며 비아냥 받던 우리나라가 이젠 민주화까지 이루어 냈다. 때로는 도가 넘쳐 공권력을 폭행하는 무법사태에까지 이른다.

서양은 산업혁명을 거치면서 분야마다 기초를 다지며 앞서 발전해 왔다. 그 결과 오늘의 서양 선진국은 모든 분야에서 기초가 튼튼하고, 원숙하며, 오랜 세월의 품격이 배어있다. 반면 압축 성장을 해온 우리나라는 겉모양은 비슷한데 어딘가 모르게 어설프고 아쉬운 면이 보인다. 다시 말해 품격이 없다는 데서 '국격 높이기 운동'이 벌어지고 있는 실정이다.

사람에게는 인격이요 나라에는 국격일 것이다. 이제 우리는 품격 있는 사회와 국가를 만들어야 하고, 개인도 인성을 갖춘 사람이 대접받을 수 있는 사회가 되어야 한다. 우리나라는 예부터 동방예의지국이라 하여 품격과 인성을 중시하였으나, 언제부터인가 동방무례지국이 되었다.

국격을 높이고 선진국이 되려면 무엇이 문제인가? 첫째, 급선무가 깨끗한 정부다. 우리나라는 지난해 국제투명성기구의 국가별 부패인식지수에서 오만 · 브루나이와 함께 39위였다. 뉴질랜드 1위, 덴마크 2위, 스웨덴과 싱가포르가 공동 3위이다. 둘째, 국민의 격을 높여야 한다. 우리는 오랜 세월 권력과 법에 항거하며 민주화를 이뤘다. 이제는 떼법이 아닌 준법(rule of law)으로 국민의 격을 높여야 한다. 셋째, 아름다운 예의한국의 복원이 필요하다. 캄보디아 정부가 인신매매를 막기 위해 한국인의 국제결혼을 금하는 부끄러운 사태가 발생했다. 국격은 나라의 얼굴을 화장하는 것이 아니라 나라와 국민의 도덕적 품성을 높이는 데서 출발해야 한다.

눈앞의 이익보다 인류의 보편적 원칙을 존중하고 또한 아름다운 인성을 키워야 한다.

우리보다 경제규모가 작은 네덜란드가 유럽뿐 아니라 세계 외교가에서 우리보다 더한 존중과 대접을 받고 있는 이유를 살펴야 한다. 국제법의 원칙을 존중하고, 저개발 국가에 대한 배려와 원조의 규모가 우리와 비교가 안 될 정도로 많으며 국민의 인성교육도 철저한 국가이다.

먹을 만큼 형편이 피고 국민소득이 높아졌다고 저절로 선진국이 되는 것이 아니다. 김길태 같은 흉악범이 설쳐대고, 불법시위대가 공권력에게 몽둥이질을 하고, 경찰버스를 불태우며 정의를 도용하고, 신성한 국회의사당에서는 해머로 전기톱으로 문을 부수고, 서부활극이 난무하여 세계에 부끄러운 뉴스거리를 계속 제공하는 무법의 정치 풍토에서는 격을 찾을 수 없다.

우리는 압축 성장에서 온 정신문화의 결핍과 괴리, 성숙되지 못한 생활문화를 하루 속히 개선해야 한다. 국민 개개인의 천박한 졸부 근성, 선진 강대국 국민에겐 과잉 친절을 베풀면서 그렇지 않은 외국인들에게는 하대하는 비겁한 태도를 버려야 한다. 또 약자에 대한 이해심과 배려, 외국 원조로 나라를 추스르고 번영을 일궈낸 국민으로서 보은의 차원에서라도 국제사회에 공헌하는 감동시대를 열어가야 한다. 그리고 나라의 기강을 바로 세우는 준법과 질서유지 정신이 투철할 때 비로소 선진국일 수 있다.

좀 덜 먹더라도 품격이 살아있는 문화선진국이 진정한 선진국인 것이다. 경제발전을 일궈낸 것처럼 우리는 마음만 먹으면 해낼 수 있다.

스펙보다 중요한 것은
인성

◉ **거리를 지나다** 새 차의 멋진 모델에 매료되어 구경이나 할 셈으로 자동차전시장의 문을 밀치고 들어섰다. 마네킹처럼 잘 생긴 친절한 직원의 안내와 커피까지 대접받으며 새 차의 설명을 듣는다. 직원은 새 모델 설명서(the technical specifications of the new model)를 보며 열변이다. 이 설명서가 시방서 혹은 사양서라고도 말하는 제품설명서(specification)이며, 이를 간략하게 칭하여 스펙(spec)이라고도 한다. 언제부터인가 대학가에 좋은 '스펙(취직조건)' 갖추기가 경쟁적으로 유행하고 있다. 좋은 스펙의 새 모델(신입사원)의 출시를 고객(회사)에게 제시하고, 구입(채용)을 권유하는 것이다. 어쩌면 경쟁사회에서 당연한 현상일 수 있으나 사람은 기계와 다르다.

과연 좋은 인간의 스펙은 무엇인가. 취업의 관문을 통과하기 위한 스펙의 3대요소가 '학벌 · 학점 · 토익'이라고 말한다. 여기에다 '인턴십 · 자격증 · 봉사활동'까지 6종 세트를 갖춰야 한다는 주장까지 등장하고 있다. 그래서 휴학 후 해외 어학연수를 떠나고, 봉사활동 점수를 따야하고, 학점 나쁜 과

목을 취소하고 재수강하며 학점 성형수술을 한다. 이렇게 하여 마침내 스펙 6종 세트를 완비한 어느 사립 A대학 졸업예정의 박 모(26)군은 지난해 하반기 10여 곳의 대기업에 응시했으나 줄줄이 낙방하였다. 일부에선 서류심사에서 떨어지고 일부에서는 시험 단계에서 떨어지기도 하였다. 박 군은 도대체 왜 떨어지는지 이유를 알 수 없었다. 알 수 없으니 이의 해결점을 찾아 대부분의 구직자들은 더욱 괜찮은 스펙을 만드느라 휴학이나 해외연수 등 여러 방법을 강구한다.

다들 스펙이 좋고 토익점수도 워낙 높다보니, '스펙과 토익 고득점이 곧 합격'이란 착시현상이 나타나기도 하고 '스펙 6종 세트의 완비'라는 조어가 나돌기도 한다. 최근의 동향은 채용시 토익 스피킹(혹은 OPIc) 점수를 요구하는 기업이 증가하는 추세이기도 하다. 막상 국내 30대 기업(대한상의, 2008년 매출액 기준)의 인사담당을 설문한 결과, 스펙의 중요성은 의외로 낮았다. 토익 점수도 하한선을 제시한 곳은 7곳에 불과하고, 기준이 없는 곳이 많았다. 또 학점 제한을 두는 기업은 7곳이고, 기준이 없는 곳이 17곳이었다. 자격증을 요구하는 기업은 1~2곳에 불과했고, 상당수 기업의 인사담당자들은 "점수 위주의 스펙보다 인성이나 면접 중심으로 뽑고 있다"고 주장하였다. '스펙'의 가치를 둘러싸고 구직자의 상식과 기업의 주장 사이에 괴리가 엿보인다.

30대 기업에 '채용시 가장 중시하는 것이 무엇이냐'는 질문에, '자격증이나 영어실력'이라고 답한 기업은 3곳, 나머지는 '인성, 열정, 도전정신과 창의성, 사회봉사' 등을 들었다. G사에 입사한 김 모(29)군은 합격 동료모임을 가져보니 '인간성 테스트'로 뽑았다는 느낌을 받았다면서 "합숙 등의 과정에서 동료들에게 좋은 평가를 받은 사람이 대부분"이라고 말했다. 스펙만으로 우수사원을 뽑는 데 한계가 있고, 인성이 기업의 장래를 위해 절실한 덕목이라는 인사담당자의 주장은 당연하다. 하지만, 최종이 아닌 당장의 서류심사를 위하여 응시자는 물리적 스펙 쌓기에 열중하지 않을 수 없으며, 교양이나 팀워크, 인간관계, 에티켓 등 기본 인성을 갖추기에는 현실이 너무 암담하다. 사람은 없고 멋진 마네킹만이 수험장을 가득 메운다면 곤란할 것이다.

벤자민 프랭크린(Benjamin Franklin)은 미국 건국 초기의 인사로 대통령이 되었지만 대학교육이나 스펙이 아닌 오로지 인성과 성실함으로 성공한 대표적인 인물이다. 그의 부모는 철저한 청교도였다. 그들은 신앙의 자유를 찾아 미국으로 이주했으나 양초와 비누를 만들어 팔며 어렵게 살았다. 너무 가난하여 아들 벤자민을 학교라고는 1년밖에 보내지 못했으며, 청교도의 신앙원리에 따라 철저히 가르쳤을 뿐이다. 프랭크린은 훗날 자신의 자서전에서 "나는 부모님이 가난하여 학교라고는 1년밖에 다니지 못했으나, 오늘의 내가 될 수 있었던 것은 부모님이 어린 시절부터 나에게 잠언 등 성경말씀을 체득시켜 근실하게 살도록 교육했기 때문이었다"고 하였다.

여기서 체득(體得)이란 지식만이 아닌 온 몸으로 익혀 실천하도록 가르쳤다는 뜻이며, 근실(勤實)은 정직·부지런함·검소를 합친 말로 빈곤 속에서도 인성교육에 충실했다는 의미다. 어려서부터 성실하게 살아온 사람은 예나 지금이나 성공에 이를 수밖에 없다. 벤자민은 부모의 가르침을 따라 맑은 날은 노동하고 궂은 날이면 독서하였다. 그는 "내가 평생에 행한 두 가지는 노동과 독서다. 그 두 가지를 열심히 행한 결과 이 나라에 유익한 사람이 될 수 있었다"고 술회한다. 우수한 기계는 리더가 될 수 없다. 고난과 가슴이 찡한 열정, 도전정신과 창의성, 협력과 봉사라는 배려와 참된 인성이 필요한 시대이다. 사회도 기업도 스펙이 아닌 사람이 필요하다.

동양과 서양의
문화 차이

◉ **우연하게 어느 TV방송의** '미녀들의 수다'라는 프로를 보았다. 그날의 화제는 우리나라의 음식인 '쌈'에 관한 것이었다. 캐서린이라는 서양 여성은 "한국인은 조금 친하면 '쌈'을 싸준다며, 엄마가 아기에게 혹은 부부끼리라면 몰라도 도저히 이해할 수 없고 만약 남편이 그런다면 절대 용서할 수 없다"고 하였다. 이에 반하여 한국인 출연자는 그 같은 강경한 태도를 이해하지 못했다.

다른 외국 여성도 차라리 스킨십은 이해해도 한국인의 쌈 싸주는 문화가 너무 개방적이라고 비판하여 한국인 출연진들이 놀라는 장면이 방영되었다. 우리에게는 별 뜻 없는 보통의 행위가 외국인의 눈에는 로맨스로 비치는, 동서양의 차이를 실감하는 대목이었다.

문화의 사전적 의미는 '사회 구성원에 의해 공유되는 지식·신념·행위의 총체'를 뜻한다.

한 지역의 문화에는 자연, 의식주, 종교, 생활습관 등 많은 것을 내포하고 있으며, 다양한 환경 속에서 민족이나 지역문화가 형성된다. 음식의 식단만 하더라도 서양인은 각자 덜어 먹지만, 우리는 한 반찬을 여럿이서 같이 먹는다. 동양인은 자신(self)을 타인과 관련하여 생각하나, 서양인은 각 개인의 독립적인 속성으로 보는 견해가 강하다. 따라서 사고의 접근방식이 다르다. 그들이 대중 앞에서 하는 찐한 애정표현을 우리는 이해할 수 없다. 다문화 사회나 글로벌시대의 소통은 '미녀들의 수다'가 아니라도 중요한 이슈이므로 서로의 차이를 수용하고 이해해야 한다.

서양인은 타인이나 소속집단보다 자기중심의 독립적인 관점을 중시하나, 동양인은 가족과 동료, 소속 공동체와 상호의존적 관점을 중시한다. 따라서 같은 사건을 보는 시각도 다르다.

의정부 여중생 장갑차 사망사건이 있었다. 미국인은 운전자 개인의 과실로 보았고, 한국의 격렬한 촛불시위를 보면서 왜 반미구호가 나오는지 이해할 수가 없다고 했다. 그 후 미국 버지니아텍 총기사건이 터졌다. 범인이 한국인이라는 사실에 한국의 대학 총장들이 미국에 사과편지를 보내고 미국 유학생들도 사과 e메일을 했지만 그들은 왜 한국인이 사과하는지 이해하질 못한다. 동양인은 집단의 책임의식을 느끼지만, 서양인은 개인적인 문제로 보기 때문이다.

서양과 동양의 구분은 지정학적인 접근보다 역사적 · 문명사적으로 고찰해야 할 것이다.

동양은 서양이 인도와 중국 등 동북아시아의 존재를 알기 전까지 유럽문명과 중동아시아권 문명을 구분하는 말로 사용해 왔다. 역사적으로 고대 그리스와 페르시아와의 전쟁이 동서문명 충돌의 시발이었고, 그리스인들은 지중해의 동쪽에 있는 페르시아지역 일대를 '오리엔트'라 불렀다. 지금은 중국, 한국, 일본을 포함한 아시아 전 지역을 뜻한다. 혼재의 지도로 굳이 따지자면 터키가 아시아의 끝이 될 것이다. 하지만 터키는 스스로 유럽임을 자처하고 EU가입을 원한다. 흔히 동양은 Asia, 서양은 Europe과 America를 가리키며, 대체로 서양은 백인이고 동양은 황인이다.

요즘 동서양의 왕래가 빈번하고 타문화의 이해가 진전되어 많이 동질화되어 가고 있다.

하지만 나라마다 문화적 전통을 보존하면서도, 보편적인 모습으로 변화해 가는 세계를 몸소 체험하면서 이러한 동서양의 기류를 단순비교와 혐오가 아닌 상호 관용하는 접근이 필요할 것이다.

아직도 동서양의 문화적 차이는 크고 생소하다. '쌈' 문화에서 생기는 사사로운 문제에서부터 촛불시위를 야기하는 국가 간의 오해와 충돌까지도 불러올 수 있다. '관계 속의 동양문화냐 개인 속의 서양문화냐' 라는 그 차이를 이해하는 것이 지금 요구되는 소통의 조건이고 글로벌시대를 살아가는 우리들의 과제이다.

쉬어가는 이야기

아내는 나가고 남편은 들어가는 엇박자 인생

가난한 부부가 있었다. 남편의 실직에 설상가상 아이가 생겨 배는 만삭으로 불러왔지만, 당장 저녁끼니가 없고 새벽 인력시장에 나가는 남편에게 차려줄 아침거리조차 없는 게 서러워 아내는 그만 울어버렸다. 아내가 우는 이유를 모를 리 없는 남편은 아내의 그 서러운 어깨를 감싸주며 말했다.

"당신 갈비 먹고 싶다고 했지? 우리 외식하러 갈까?"

사실 외식할 돈이 있을 리 없지만 오랜만에 들어보는 남편의 밝은 목소리가 좋아서 그냥 피식 웃고 따라 나섰다. 남편이 아내를 데려간 곳은 백화점 식품매장이었다.

식품매장 시식코너에서 인심 후하게 생긴 아주머니가 부부를 불렀다. 아주머니는 "새댁 이리 와서 이것 좀 먹어봐요. 임신하면 입맛이 까다로워진다니까" 하고 권했다, 그러자 다른 시식코너에서도 임신한 아내의 입맛을 돋궈줄 뭔가를 찾으러 나온 부부로 알았던지 자꾸만 맛 볼 것을 권했다. 부부는 이렇게 넓은 매장을 돌며 이것저것 시식용 음식들을 맛봤다.

"오늘 외식 어땠어? 좋았어?"

그리고 돌아가는 이들 부부의 장바구니엔 달랑 다섯 개들이 라면묶음뿐이었다. 가진 것은 없어도 이처럼 나누며 사랑이 넘치는 공간이 있는가 하면, 가졌어도 엇갈리는 엇박자들도 있다.

몇 년 전에 일본에서 70대 부부에게 설문조사를 한 자료가 있었다. 노후를 누구와 보내고 싶으냐는 질문에 남성의 69%가 '반드시 아내'라고 한 반면, 여성의 66%는 '절대 남편은 아니다'라고 엇갈렸다. 20대의 인생주제는, 여자들은 사랑이며 남자들은 취업이다. 여자는 사랑을 위해 자신의 일과 인생목표를 수정하지만, 남자들의 취업은 사랑을 위해서도 절체절명의 것이 된다. 30대 여자들은 살림살이와 자식을 빼면 인생이 없는 것처럼 산다. 여자들의 우주는 가정과 가족이지만, 남성들은 승진, 승급, 동기들과의 경쟁에서 이겨야 한다. 사회적 성장이 인생의 주제가 되는 시점이다.

40대는 남녀를 떠나 인생을 되돌아보게 된다. 백날 젊을 줄 알았는데 어느새 중년의 딱지가 붙는다. 건강도 예전만 못하고 자기연민에 빠진다. 아내들의 기대와 남편들의 엇갈린 인생주기는 반목의 씨를 잉태한다. 남편에 대해서는 이미 기대를 접었고, 남편보다 친구가 더 위로의 대상이며, 남자는 돈 버는 기계로 살아왔다는 자괴심에 빠진다. 50대가 되면 더욱 따로국밥이다. 여자들은 더 늙기 전에 세상구경을 하고 싶고, 남자들은 가정이 소중해지기 시작한다. 60대 남자들은 눈을 떠보니 자식들은 다 빠져나가고 '아내' 뿐임을 발견한다. 아내는 나가고 남편은 들어오는 엇박자다.

누구의 잘못이랄 수도 없는 딱한 엇갈림이며, 가진 것만이 행복의 절대조건은 아니라는 것을 알려주는 이야기다. 문제는 배려와 나눔이다. 백화점 시식코너에서도 사랑의 공유는 가능하며, 고급레스토랑에서도 따로국밥일 수 있다. 가족관계는 나중에 돈과 시간의 여유가 생기면 저절로 이뤄지는 것이 아니다. 어떤 사람은 행복해지고 싶어서 혼인하며, 어떤 사람은 조건이 맞아야 행복할 수 있다고 말한다. 혼인은 삶의 도피처가 아니며, 행복은 조건보다 어떤 태도를 가지고 있느냐에 달려 있다. 손쉽게 주어지는 행복은 없는 법이다.

상식으로 꼭 알아야 할
한국의 명품문화

1판 1쇄 발행 2010년 6월 10일
1판 2쇄 발행 2011년 4월 25일

저 자	서은 하중호
총괄진행	김미경
기 획	신은영 · 이경윤
표지 · 디자인	김윤정
편 집	정지선
그 림	장덕현

발행인	신재석
발행처	(주)삼양미디어
등록번호	제 10-2285호
주 소	서울시 마포구 서교동 394-67
전 화	02 335 3030
팩 스	02 335 2070
홈페이지	www.samyangM.com

ISBN | 978-89-5897-195-5(03300)

* 이 책의 전부 또는 일부를 이용하려견 (주)삼양미디어의 동의를 받아야 합니다.
* 잘못된 책은 구입하신 서점에서 바꾸어 드립니다.